Mohamed Amine Chikh

Approche multi-agents pour la reconnaissance du cancer du sein

Nawel Hamdan
Nesma Settouti
Mohamed Amine Chikh

Approche multi-agents pour la reconnaissance du cancer du sein

Neuro-génétique

Éditions universitaires européennes

Mentions légales / Imprint (applicable pour l'Allemagne seulement / only for Germany)
Information bibliographique publiée par la Deutsche Nationalbibliothek: La Deutsche Nationalbibliothek inscrit cette publication à la Deutsche Nationalbibliografie; des données bibliographiques détaillées sont disponibles sur internet à l'adresse http://dnb.d-nb.de.
Toutes marques et noms de produits mentionnés dans ce livre demeurent sous la protection des marques, des marques déposées et des brevets, et sont des marques ou des marques déposées de leurs détenteurs respectifs. L'utilisation des marques, noms de produits, noms communs, noms commerciaux, descriptions de produits, etc, même sans qu'ils soient mentionnés de façon particulière dans ce livre ne signifie en aucune façon que ces noms peuvent être utilisés sans restriction à l'égard de la législation pour la protection des marques et des marques déposées et pourraient donc être utilisés par quiconque.

Photo de la couverture: www.ingimage.com

Editeur: Éditions universitaires européennes est une marque déposée de
Südwestdeutscher Verlag für Hochschulschriften GmbH & Co. KG
Heinrich-Böcking-Str. 6-8, 66121 Sarrebruck, Allemagne
Téléphone +49 681 37 20 271-1, Fax +49 681 37 20 271-0
Email: info@editions-ue.com

Produit en Allemagne:
Schaltungsdienst Lange o.H.G., Berlin
Books on Demand GmbH, Norderstedt
Reha GmbH, Saarbrücken
Amazon Distribution GmbH, Leipzig
ISBN: 978-3-8417-9982-1

Imprint (only for USA, GB)
Bibliographic information published by the Deutsche Nationalbibliothek: The Deutsche Nationalbibliothek lists this publication in the Deutsche Nationalbibliografie; detailed bibliographic data are available in the Internet at http://dnb.d-nb.de.
Any brand names and product names mentioned in this book are subject to trademark, brand or patent protection and are trademarks or registered trademarks of their respective holders. The use of brand names, product names, common names, trade names, product descriptions etc. even without a particular marking in this works is in no way to be construed to mean that such names may be regarded as unrestricted in respect of trademark and brand protection legislation and could thus be used by anyone.

Cover image: www.ingimage.com

Publisher: Éditions universitaires européennes is an imprint of the publishing house
Südwestdeutscher Verlag für Hochschulschriften GmbH & Co. KG
Heinrich-Böcking-Str. 6-8, 66121 Saarbrücken, Germany
Phone +49 681 3720-310, Fax +49 681 3720-3109
Email: info@editions-ue.com

Printed in the U.S.A.
Printed in the U.K. by (see last page)
ISBN: 978-3-8417-9982-1

Dédicace

A mes très chers parents *qui ont toujours*
cru en moi, et m'ont apporté le courage,

A ma sœur Lamia *pour tout le soutien qu'elle*
m'a prodigué durant mes études,

A ma sœur Amina, Son mari Nabil et mon petit neveu
adoré Wassim pour leurs encouragements,

A mes amies et collègues *Mlles SETTOUTI Nesma et SAIDI Meryem*
pour leurs précieux soutiens et encouragements,

A toutes mes amies, en particulier Nesrine à qui je voue une grande affection,

Enfin à Tous Ceux et Celles qui ont contribué de près ou de loin à ma formation.

RESUME

Le cancer du sein est le cancer qui touche de nos jours de plus en plus de femmes dans le monde. Ainsi, la lutte contre le cancer est loin d'être achevée La médecine avance sur tous les fronts afin d'améliorer les soins des patients et vaincre cette maladie du siècle.

De ce fait, il est indispensable que plusieurs disciplines continuent à apporter leur contribution et particulièrement l'Intelligence Artificielle.

Pour permettre d'établir une aide au diagnostic médical, robuste et fiable, les systèmes multi agents (SMA) peuvent être un outil puissant de diagnostic distribué.

Dans ce mémoire, nous avons testé les performances des réseaux de neurones, des algorithmes génétiques sur la base de données du cancer du sein(WBCD) ensuite nous avons intégré ces derniers avec un agent Contrôleur (SMA) pour augmenter la précision de la classification

Les résultats obtenus de la classification sont très prometteurs.

ABSTRACT

Breast cancer is cancer that affects these days more and more women in the world. Thus, the fight against cancer is far from complete; medicine advances on all fronts to improve patient care and overcome the disease of the century

Therefore, it is essential that several disciplines continue to contribute and especially Artificial Intelligence

To help establish an aid to medical diagnosis, robust and reliable multi-agent systems (MAS) can be a powerful tool for distributed diagnostic

In this brief, we tested the performance of neural networks, genetic algorithms on the database of breast cancer and then we have integrated these with a controller agent (MAS) to increase the accuracy of the classification.

The results of classification are very promising.

Table des matières

DEDICACE...*i*

RESUME...*ii*

ABSTRACT ....*iii*

TABLE DES MATIERES..*iv*

LISTE DES FIGURES...*viii*

LISTE DES TABLEAUX..*x*

LISTE DES ABREVIATIONS..*xi*

INTRODUCTION GENERALE 1

CHAPITRE I PRESENTATION DU CANCER DU SEIN 5

    I.1 Introduction...5

    I.2 Notion de base sur le Cancer 6

        I.2.1 Définition...6

        I.2.2 Les causes du cancer..7

        I.2.3 développement du cancer..7

            I.2.3.1 Développement anarchique de certaines cellules.............7

            I.2.3.2 Phase de Métastase...8

        I.2.4 Les Types de cancer...8

    I.3 Description du cancer du sein...9

    I.4 Principaux éléments de risque 9

    I.5 Symptômes 10

    I.6 Traitements 10

    I.7 Conclusion 10

CHAPITRE II SYSTEMES MULTI AGENTS..11

    II.1 Introduction..11

    II.2 Intelligence Artificielle Distribuée..11

        II.2.1 Définitions 11

        II.2.2 Historique de l'intelligence artificielle distribuée 12

    II.3 Notion d'agents 12

        II.3.1 Définition...12

II.3.2 Caractéristiques d'un agent...13

II.3.3 L'environnement de l'agent...14

II.3.4 Type des agents...14

    II.3.4.1 les agents réactifs 14

    II.3.4.2 les agents cognitifs..15

II.4 Système multi agents 15

    II.4.1 Définition...15

    II.4.2 Intérêts des SMA..16

    II.4.3 Propriétés des systèmes multi agents..............................16

    II.4.4 Principe des systèmes multi agents................................16

    II.4.5 Interaction entre agents...16

        II.4.5.1 La coordination 17

        II.4.5.2 La coopération..17

        II.4.5.3 La négociation...17

II.5 Langage de communication dans un SMA 18

    II.5.1Protocole KQML...18

    II.5-2 Protocole FIPA-ACL 18

II.6 Domaines d'application des systèmes multi agents 18

II.7 Les plateformes de développement 19

    II.7.1 plateforme JADE..19

    II.7.2 La plate forme Jack..19

II.8 Conclusion 20

CHAPITRE III TECHNIQUES DE CLASSIFICATION 21

III.1 Les réseaux de neurones 21

    III.1.1 Introduction...21

    III.1.2 Principe des réseaux de neurones................................22

    III.1.3 Apprentissage des réseaux de neurones.....................22

        III.1.3.1 : principe de l'apprentissage 22

        III.1.3 .2 : types d'apprentissage.......................................23

    III.1.4 Différents types des réseaux de neurones...................23

        III.1.4 .1 Les réseaux multicouches de type rétro propagation............23

    III.1.5 La mise en œuvre des réseaux de neurones multicouches....................24

        III.1.5.1 : Les entrées pertinentes 24

        III.1.5.2 : La normalisation des données 25

III.1.5.3 : nombre de couche cachée 25

III.1.5.4: nombre de neurones cachés 25

III.1.5.5 : L'apprentissage des perceptrons multicouches 25

III.1.5.6 : l'algorithme de rétro propagation 25

III.1.6 :   Avantages et Inconvénients des réseaux de neurones...............26

III.2 Algorithmes génétiques 27

III.2.1 Introduction 27

III.2.2 objectif des algorithmes génétiques. 28

III.2.3 Fonctionnement des algorithmes génétiques. 28

III.2.4 Codage et opérateurs d'un algorithme génétique. 29

III.2.4.1 : le codage 29

III.2.4.2 : Initialisation de la population 31

III.2.4.3 :principe de sélection 32

III.2.4.4 :principe de croisement (crossover)................................32

III.2.4.5 : principe de l'opérateur de mutation 33

III.2.5 Avantages et inconvénients des algorithmes génétiques 34

III.3 Hybridation algorithme génétique et réseaux de neurones 35

III.3.1 Introduction...35

III.3.2 Utilisation des AGS pour une optimisation des poids......................36

III.3.3 Conclusion 38

CHAPITRE IV   RESULTATS & INTERPRETATIONS...........................39

IV .1 Introduction...39

IV.1.1 Etat de l'art...40

IV.1.2 Description de la base de la maladie du cancer du sein....................42

IV.1.3 Les outils de programmation..43

IV.1.4 principe de la classification...43

IV.1.5 Phase de test (d'évaluation)..44

IV.2 Travail effectué...46

IV.2.1 Classification mono-agents..46

IV.2.1.1Classification neuronale..46

IV.2.1.2 : Classifieur neuro-génétique(NGC...).............................. 47

IV.2.1.3 : Résultats 49

IV.2.2 Approche multi agents..50

IV.2.3 Conclusion et interprétation 52

IV.2.4 Menu d'utilisation de notre application :.......................................53

CONCLUSION GENERALE...................…...............…...............................56
REFERENCES BIBLIOGRAPHIQUES...…......57

TABLE DES FIGURES

Figure I.1. Comparaison de la division cellulaire au niveau d'une cellule ....

Saine et cancéreuse [1]... 6

Figure I.2. Développement tumoral[2] 7

Figure II.3. Agent réactif[19].. 14

Figure II.4. Agent cognitif[19]... 15

Figure II.5. Représentation imagée d'un agent en interaction avec son environnement et les.....

autres agents [23] 16

Figure II.6. Représentation symbolique d'un système multi-agents[15]...........................17

Figure II.7. Interface graphique de l'agent RMA de JADE................................... 19

Figure III.8. Erreur moyenne sur la base d'apprentissage en fonction du nombre d'itérations
....22

Figure III.9. Réseau de rétro propagation[30]...................................... 24

Figure III.10. Organigramme des algorithmes évolutionnaires[34]...........….….............. 27

Figure III.11. Schéma de principe d'un algorithme génétique.......................…..............28

Figure III.12 .Exemple de codage binaire...30

Figure III.13. Exemple de codage par permutation 30

Figure III.14.La méthode de sélection de la loterie biaisée[35]..........................….............32

Figure III.15.Croisement avec 1 point de coupure... 33

Figure III.16.Croisement avec 3 points de coupure.. 33

Figure III.17.Une mutation...…................. 34

Figure III.18.Présentation d'un système neuro-génétique[39]...................…...................36

Figure III.19.Opérateur de croisement dans un système neuro-génétique [39]................ .. 37

Figure III.20.Opérateur de mutation dans le système neuro-génétique [39]....…............... 37

Figure III.21.Système neuro-genetique pour le choix de la topologie[36].....................…..38

Figure VI.22.Architecture du réseau RNMC.. 47

Figure VI.23.Chromosome des poids synaptiques....…... 48

Figure VI.24. Architecture du réseau neuro-génétique avant apprentissage ....…... 49

Figure VI.25. Architecture du réseau neuro-génétique aprés apprentissage.................... 49

Figure VI.26. Chromosome des connexions..................... 49

Figure VI.27.Histogramme des performances du CNC ....…..........51

Figure VI.28. Histogramme des performances du CNGP..51

Figure VI.29. Histogramme des performances du CNGS..51

Figure VI.30. Histogramme des performances de l'agent contrôleur...........................52

Figure VI.31.Processus de relation agent contrôleur –agent classifieur 52

Figure VI.32.Interface crée...53

Figure VI.33.Extrait d'un exemple d'exécution 53

Figure VI.34 Plateforme JADE..54

Figure VI.35 Apprentissage du CNC...54

Figure VI.36 Apprentissage du CNGP...54

Figure VI.37 Apprentissage du CNGS...55

LISTE DES TABLEAUX

Tableau IV. 1 : Résultats du classifieur neuronal (CNC)..58

Tableau IV.2 : Résultats du classifieur neuro-génétique paramétrique(CNGP)..............59

Tableau IV.3 : Résultats du classifieur neuro-génétique structurel(CNGS)....................59

Tableau IV.4 : Résultats AgentContrôleur...60

LISTE DES ABREVIATIONS

IA : Intelligence Artificielle

SMA : Systèmes Multi Agents

IAD: Intelligence Artificielle Distribuée

Sp: spécificité

Se : Sensibilité

CC : Classification Correcte

RNMC : Réseau De Neurones Multicouches

CNC : Classifieur neuronal classique

CNGP : Classifieur neuro -génétique paramétrique

CNGS :Classifieur neuro -génétique srtucturel

RNS : Réseaux De Neurones

AGs : Algorithmes Génétiques

KQML: Knowledge query and manipulation language

FIPA: -ACL : Foundation for Intelligent Physical Agents

ARP: Algorithme de rétro propagation

LM : Levenberg- Marquardt

WBCD : Wisconsin Breast Cancer Database

DDSM :Digital Database of Screening Mammography.

CMDS :Contrat Net Based Medical Diagnosis System

MAS:Multi Agent System

Introduction Générale

1.Contexte

Depuis les années quatre-vingt-dix, le taux de mortalité des patients atteints du cancer du sein a diminué et ceci est le fruit de plusieurs recherches effectuées au cours des dernières décennies. [4]

Cependant le cancer du sein reste la maladie la plus commune et malveillante chez les femmes.

Le cancer du sein représente un problème de santé publique majeur, avec plus de 370,000 nouveaux cas et 130,000 morts par an en Europe chez les femmes de 35 à 64 ans et une survie complète à 5 et 10 ans autour de 68 % et 50 %, respectivement [1]

Par ailleurs, il est difficile pour un spécialiste de diagnostiquer chez un patient si ce dernier est atteint d'un cancer du sein ou pas, de confirmer sa présence ou déterminer ses caractéristiques (son extension, son agressivité, ….)

La situation actuelle a motivé la recherche dans ce domaine et la nécessité d'automatiser le diagnostic médical est devenu indispensable

L'utilisation d'un outil intelligent spécialisé dans le diagnostic médical a pour ambition de lever cette difficulté

Ce système a pour ambition de donner plus d'autonomie et d'initiative aux différents modules logiciels spécialisés dans le diagnostic médical et qui peuvent dialoguer pour partager leurs connaissances comme des experts humains.

2.Problématique

Le **cancer du sein** reste le premier cancer féminin à l'échelle mondiale, il représente un véritable problème social

La fréquence du cancer du sein est très variable selon les pays et les facteurs qui interviennent sont multiples : facteurs génétiques, rôle de l'alimentation.

Dans les recherches relatives au cancer de façon générale, les études épidémiologiques qui concernent le **cancer du sein** occupent une place de plus en plus importante. Sans nul doute

1

parce que le cancer du sein demeure une pathologie fréquente et grave : 460 000 décès chaque année dans le monde. [9]

JLa problématique de la détection du cancer du sein conduit les chercheurs, les spécialistes du domaine à se pencher sur d'autres tendances, de nouvelles technologies autres qu'humaines afin de remédier à ce véritable problème social.

3. Contribution

L'objectif de notre travail consiste à créer une nouvelle approche qui permettra de savoir si un patient a un cancer bénin ou malin suivant plusieurs descripteurs. Pour atteindre cet objectif, nous proposons une solution basée sur le concept des systèmes multi-agents.

Nous réalisons un couplage entre deux grands domaines la Médecine et l'Informatique pour le diagnostic du cancer du sein et le paradigme agent respectivement.
L'optique de ce couplage est d'améliorer les performances et l'efficacité des systèmes de diagnostic médical.

La particularité de notre approche est le développement et la définition d'un modèle fondée sur une architecture composée de parties distinctes, chaque partie va diagnostiquer si le cancer est malin ou bénin à partir d'une base de données d'une manière spécifique, mais pouvant communiquer pour partager leurs connaissances.

Le paradigme multi agent dans notre approche serait appliqué dans plusieurs contextes :

➤Chaque agent dans ce système fera son propre diagnostic pour la même base d'apprentissage (autonomie)

➤La décision finale sera prise après un vote majoritaire : le patient sera attribué à la classe qui a été nommé par le grand nombre d'agents.

Notre mémoire se compose de quatre chapitres :

Le 1er chapitre présente globalement la maladie du cancer du sein, il permet en particulier de comprendre son origine, son développement, ses symptômes et les divers traitements existants

Nous avons décrit dans le 2éme chapitre le principe des systèmes multi agents ,leurs interactions ,leurs architectures et les différentes plateformes existantes

Le 3éme chapitre met en valeur les techniques de classification, nous exposons en 1ère partie les réseaux de neurones, en seconde partie les algorithmes génétiques, l'étude de ces deux techniques nous permet d'exploiter leurs avantages afin de les hybrider dans un même système qui est le modèle hybride neuro-génétique

Le dernier chapitre présente en 1ére partie les résultats de la classification mono agents ensuite la deuxième partie une classification distribuée basée sur quatre agents différents

ooooooooooooooooooooooooooo

Chapitre I

Présentation du Cancer du Sein

I.1 Introduction

L'organisme contient environ un million de milliards de cellules qui chacune, joue un rôle précis. Elles s'organisent et se regroupent pour former des tissus ou des organes, et se renouvellent en permanence. En effet, une partie d'entre elles meurt chaque jour (c'est le phénomène « d'apoptose »), elles sont remplacées par de nouvelles cellules identiques

Les divers cancers qui frappent les humains sont des maladies dans lesquelles l'une des nombreuses cellules de l'organisme se modifie et ne cesse de se multiplier anarchiquement, produisant ainsi des millions d'autres cellules présentant la même anomalie.

Parmi les cancers, ce sont ceux des voies respiratoires qui sont les plus fréquents suivi des cancers du colon et des seins, trois types de cancers pour lesquels il existe une prévention possible et donne d'excellents résultats.

Le cancer du sein est le cancer le plus diagnostiqué chez les femmes à travers le monde. Il n'est cependant pas le plus mortel : le cancer du poumon demeure la première cause de décès chez les femmes. [4]

En Algérie, le cancer du sein représente près de 50 % des cancers gynécologiques chez la femme, au cours de ces 15 dernières années l'incidence du cancer du sein a été multipliée par 3. |[8]

Du fait de son diagnostic tardif, il en résulte souvent un traitement lourd, mutilant et coûteux qui s'accompagne d'un taux de mortalité élevé.

Une femme sur 9 risque d'être atteinte d'un cancer du sein au cours de sa vie. Les hommes aussi peuvent en être touchés, mais rarement. Moins de 1 % des cas de cancer du sein touchent des hommes.[5]

Le nombre de personnes atteintes a progressé légèrement, mais régulièrement, au cours des 3 dernières décennies. Par contre, le taux de mortalité a continuellement diminué au cours de la même période, grâce aux progrès réalisés en matière de diagnostic et de traitement

I.2 Notion de base sur le Cancer

I.2.1 Définition

Le cancer correspond à une multiplication incontrôlable de cellules anormales. Elles peuvent être situées dans n'importe quel organe et échappent à tout contrôle. Elles peuvent aussi migrer dans d'autres organes pour donner naissance à des métastases. Les mécanismes en cause sont très nombreux. [1]

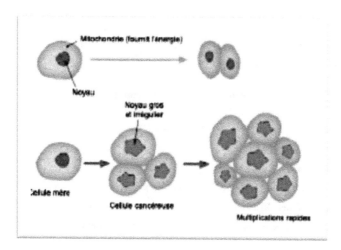

Figure I.1 - Comparaison de la division cellulaire au niveau d'une cellule saine et cancéreuse [1]

Une tumeur peut être bénigne (non dangereuse pour la santé) ou malignes (a le potentiel pour être dangereuse).

Les tumeurs bénignes ne sont pas considérés cancéreuses: les cellules sont proches de la normale en apparence, elles se développent lentement, sans envahir les tissus avoisinants, et sans la propagation dans d'autres parties du corps. Par contre, les tumeurs malignes sont cancéreuses. Si rien n'est fait, les cellules malignes peuvent éventuellement s'étendre au-delà de la tumeur d'origine vers d'autres parties du corps.

I.2.2 Les causes du cancer [5] [6]

Le cancérologue, le professeur Stephan Tannebergern a déclaré qu'il est désormais établi qu'une cellule normale possédant une certaine configuration génétique se transforme graduellement en une cellule maligne sous l'effet de plusieurs facteurs.

.Selon le docteur Charles LeMaistre, président de la Ligue américaine contre le cancer affirme que les habitudes journalières ont un lien avec les causes du cancer. La plupart des chercheurs sont maintenant persuadés que nos habitudes quotidiennes ce que nous mangeons et buvons, l'usage du tabac, l'exposition aux rayons du soleil déterminent dans une large mesure nos risques de contracter différents types de cancers.

I.2.3 Développement du cancer [2]

I.2.3.1 Développement anarchique de certaines cellules

➢   Le cancer se présente en général sous la forme de tuméfactions, de nodules ou de masses.

➢   Cette maladie peut toucher toutes les parties du corps.

➢   Le patrimoine génétique de la cellule cancéreuse ne fonctionne pas normalement.

➢   Les cellules cancéreuses se reproduisent à l'infini et peuvent développer un réseau de nouveaux vaisseaux sanguins leur permettant de croitre encore plus.

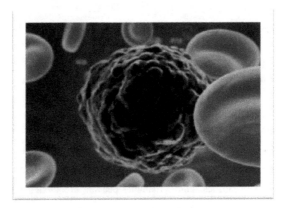

Figure I.2 - Développement tumoral [2]

I.2.3.2 Phase de métastase

Le cancer se développe dans un organe comme le sein, la peau, les os par exemple. Il peut rester isoler et se développer localement dans cette partie du corps. Les métastases correspondent à des cellules qui se sont échappées du cancer initial pour atteindre un organe plus éloigné, se développant ainsi à distance du cancer primitif.

✓   Un cancer prend naissance dans le sein et se développer dans les os.

✓   Certains cancers comme celui du sein, des bronches ou de la prostate, produisent plus souvent des métastases.

✓   Les cellules cancéreuses se déplacent dans la circulation sanguine vers de multiples organes.

✓   Les cellules cancéreuses peuvent également rester inactives pendant plusieurs années avant de se mettre à proliférer.

✓   Le temps qui sépare l'apparition du cancer de l'apparition de métastases varie selon le type et la taille du cancer. Les métastases sont même parfois découvertes avant le cancer primitif.

I.2.3 Les Types de cancer

Il existe environ 200 types de cancer différents, qui sont pour la plupart nommés selon l'organe ou le type de cellules dans lesquels ils débutent. Différents cancers peuvent se comporter très différemment les uns des autres, et mener à des résultats cliniques divers. Ils sont également traités de façon différente. Un traitement qui agit bien dans certains types de cancer peut ne pas s'avérer efficace pour d'autres.

Les types de cancer débutant dans un organe spécifique sont nommés « **cancers solides** ». On peut citer comme exemple les cancers du *poumon, du sein ou de l'intestin*. Au fur et à mesure que le cancer se développe, une grosseur ou masse solide, appelée « tumeur » se forme.

Les « **cancers non solides** », tels que le *myélome, la leucémie et le lymphome*, représentent l'autre type de cancer principal. Ces derniers trouvent leur origine dans les cellules sanguines, ou dans les tissus qui fabriquent les cellules sanguines dans la moelle osseuse. Ils entraînent l'apparition d'un grand nombre de cellules sanguines anormales.

I.3 Description du cancer du sein [9]

Le cancer du sein est une tumeur maligne qui se développe au niveau des cellules de la glande. Une cellule normale devient cancéreuse à la suite d'importantes modifications, progressives et irréversibles.

Habituellement, ces modifications sont réparées par l'organisme. Cependant, lorsque la cellule devient cancéreuse, elle perd ses capacités de réparation. Elle se met alors à se multiplier et finit par former une masse qu'on appelle tumeur maligne. , l'évolution d'une tumeur n'est pas contrôlée par l'organisme, elle se développe dans la glande de façon anarchique.

A une étape ultérieure, les cellules gagnent les tissus voisins, et risquent de migrer dans d'autres parties de l'organisme... On distingue plusieurs types de cancers du sein (cancer canalaire, infiltrant... aussi en fonction de marqueurs biologiques). Il est important de le découvrir le plus tôt possible. En effet, plus les tumeurs sont dépistées et traitées tôt, plus elles ont de chances de guérir.

I.4 Principaux éléments de risque [3]

• **Sexe féminin.** Moins de 1% des cas de cancer du sein touchent des hommes, et ceux-ci ont en général plus de 60 ans.

• **Âge.** La maladie touche très rarement les femmes de moins de 30 ans. Environ 85 % des cas surviennent à 50 ans ou plus. Plus une femme avance en âge, plus le risque de souffrir de cancer du sein augmente.

• **Antécédents familiaux.** Le fait d'avoir une mère, une sœur ou une fille atteinte d'un cancer du sein ou d'un cancer des ovaires augmente le risque d'en être atteint. De 5 % à 10 % des cancers du sein seraient causés par une anomalie transmise par l'hérédité..

• **Antécédent personnel.** Le fait d'avoir déjà eu un cancer à un sein accroît le risque qu'un second cancer se forme.

• **Avoir une lésion à risque au sein** (diagnostiquée lors d'une biopsie). Les femmes qui ont une lésion à risque, comme une hyperplasie épithéliale intracanalaire atypique ou un carcinome lobulaire *in situ*, sont plus susceptibles d'être atteintes d'un cancer du sein un jour.

I.5 Symptômes

Au stade débutant, le cancer du sein ne présente aucun symptômes, les symptômes les plus souvent fréquents d'un cancer du sein ayant une manifestation clinique sont l'apparition d'un nodule (une boule) dans le sein, le cancer peut aussi se manifester par

✓ un découlement mamelonaire,
✓ une déformation du sein,
✓ une augmentation du volume du sein,
✓ une réduction du mamelon,
✓ une rougeur au niveau du sein.

Tous ces symptômes ne sont pas synonymes de cancer car ils correspondent à une pathologie bénigne mais leurs présences justifient un avis spécialisé.

I.6 Traitements [7]

Le traitement du cancer du sein repose sur plusieurs méthodes qui sont :

➤ la chimiothérapie,
➤ la radiothérapie
➤ la chirurgie
➤ l'hormonothérapie
➤ l'immunothérapie

I.7 Conclusion

Le cancer du sein est le cancer qui touche de nos jours de plus en plus de femmes dans le monde. De ce fait, il est indispensable que plusieurs disciplines continuent à apporter leur contribution. Ainsi, la lutte contre le cancer est loin d'être achevée ; La médecine et la nouvelle technologie avance sur tous les fronts afin d'améliorer les soins des patients et vaincre cette maladie du siècle.

Chapitre II

Systèmes Multi-Agents

II.1 Introduction

Longtemps, l'intelligence artificielle (IA) en particulier a considéré les programmes comme des entités individualisées capables de rivaliser avec l'être humain dans des domaines précis.

Ainsi, l'informatique devient de plus en plus diffuse et distribuée dans de multiples objets et fonctionnalités qui sont amenés à coopérer. La décentralisation est donc la règle et une organisation coopérative entre modules logiciels est un besoin. De plus, la taille, la complexité et l'évolutivité croissantes de ces nouvelles applications informatiques font qu'une vision centralisée, rigide et passive (contrôlée explicitement par le programmeur) atteint ses limites.

Cette complexité croissante des problèmes qui sont posés oblige à concevoir, non pas un programme, mais plusieurs entités couplées en interaction, chacune définie localement sans vision d'ensemble d'un système qui la dépasse. [11]

Le thème des systèmes multi agents (SMA), s'il n'est pas récent, est actuellement un champ de recherche très actif. Cette discipline est à la connexion de plusieurs domaines en particulier de l'intelligence artificielle, des systèmes informatiques distribués et du génie logiciel. C'est une discipline qui s'intéresse aux comportements collectifs produits par les interactions de plusieurs entités autonomes et flexibles appelées agents, que ces interactions tournent autour de la coopération, de la concurrence ou de la coexistence entre ces agents[12].

II.2 Intelligence Artificielle Distribuée (IAD)

II.2.1 Définitions

Généralement le domaine de recherche de l'IAD est définit comme l'étude et de la conception d'organisations d'agents artificiels pour obtenir des systèmes intelligents » [13]

II.2.2 Historique de l'intelligence artificielle distribuée

Le terme de l'IA apparaît dans les années 50. L'IAD apparaît quant à
elle, dans les années 70 avec la distribution des unités de calcul et la parallélisassions des algorithmes et, au même moment, avec la notion de modularité. C'est pendant les années 80 que la métaphore d'experts coopérants devient populaire et donne naissance à des approches telles que le modèle acteur [20] et l'architecture du tableau noir de Hearsay [15].
La démarche première de l'IAD est de mettre à profit le parallélisme et les avantages de la modularité au service des problèmes issus de l'IA classique.

Au cours des années 80, la réutilisabilité devient un axe majeur en informatique en général et en IAD en particulier. Ceci, associé à l'apparition des systèmes ouverts -dans lesquels les entités sont la possibilité d'entrer et de sortir du système à n'importe quel moment-, amène la mise en place de mécanismes décentralisés de coordination des activités. Cette nouvelle voie diverge des approches traditionnelles de la résolution distribuée de problèmes, pour lesquels les agents doivent principalement faire ce qu'on leur dit [14].

Au vu de la complexité de ces nouveaux systèmes, un nouveau domaine de l'IAD se constitue afin de les étudier : l'étude des SMA est née.

II.3 Notion d'agents

II.3.1 Définition

Plusieurs définitions ont été proposées par différents acteurs pour clarifier le concept .nous citerons deux :
- un agent est définit comme étant une entité physique ou virtuelle évoluant dans un environnement dont il n'a qu'une représentation partielle et sur lequel il peut agir Il est capable de communiquer avec d'autres agents et est doté d'un comportement autonome. [10]
- un agent fait référence à tout artefact, logiciel aussi bien que matériel, capable d'exhiber une certaine autonomie donc opérationnellement et informationnellement clos par rapport à l'environnement dans lequel il est plongé [16]

II.3.2 Caractéristiques d'un agent

Autonomie : Un agent autonome est un agent dont l'existence ne se justifie pas par l'existence des autres agents et de l'opérateur humain. Pour être autonome, un agent doit avoir ses propres buts et être capable de prendre des décisions, et ainsi résoudre des conflits internes [20].

La réactivité :
Des agents sont dits réactifs s'ils peuvent réagir à un changement qui s'est effectué dans leur environnement.

La Proactivité :
Des agents sont dits proactifs s'ils peuvent agir sans même que leur environnement ait changé.

Planification :
C'est le processus qui permet la construction d'un plan d'actions à réaliser pour atteindre un certain but,

Intelligence
Un agent intelligent est celui qui possède des capacités de raisonnement et d'apprentissage. L'agent doit non seulement planifier ses propres actions, mais aussi tenir compte de celles des autres agents.

Sociabilité :
Des agents sont dits sociables s'ils peuvent communiquer les uns avec les autres, et possiblement avec des humains, grâce un langage de communication pour réaliser les taches pour lesquelles ils ont été conçus.

Apprentissage :
Les agents doivent évoluer et améliorer leurs connaissances, ainsi, adapter ou changer leurs comportements face à des situations similaires et cela en fonction de leurs expériences passées. Cette caractéristique est principalement réservée aux agents qualifiés d'intelligents

Prise de décision
C'est le choix auquel est confronté l'agent pour sélectionner le but à satisfaire en premier, et pour chaque but, l'action qui permet de l'atteindre.

II.3.3 L'environnement de l'agent

L'environnement dans lequel agit un agent est crucial dans le choix de son architecture.

Les propriétés de l'environnement affectent bien entendu la conception de l'agent en le rendant plus ou moins complexe selon la situation. `

Un environnement peut être [18] :

➢Accessible si un agent peut, à l'aide des primitives de perception, déterminer l'état de l'environnement et ainsi procéder, par exemple, à une action.

➢Déterministe, ou non, selon que l'état futur de l'environnement ne soit, ou non, fixé que par son état courant et les actions de l'agent.

➢Episodique si le prochain état de l'environnement ne dépend pas des actions réalisées par les agents.

➢Statique si l'état de l'environnement est stable (ne change pas) pendant que l'agent réfléchit. Dans le cas contraire, il sera qualifié de dynamique.

➢Discret si le nombre des actions faisables et des états de l'environnement est fini.

II.3.4 Type des agents

Les caractéristiques principales des agents sont : autonomie, de coopération et d'adaptation.

Il existe deux grandes tendances de typologie des agents qui sont [19] :

II.3.4.1 les agents réactifs :

L'école réactive considère qu'il n'est pas nécessaire que les agents soient intelligents Individuellement pour que le système ait un comportement global intelligent, elle suppose que les agents sont très simples et que l'intelligence émerge de l'interaction entre ces agents, ils se caractérisent par des agents qui ont la capacité de réagir rapidement à des problèmes simples, ils ne nécessitant pas un haut niveau de raisonnement

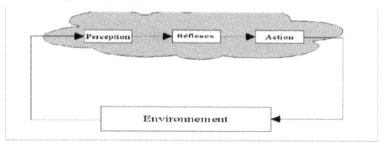

Figure II. 3 - Agent réactif [19]

14

II.3.4.2 les agents cognitifs

Les systèmes multi-agents cognitifs sont fondés sur la coopération d'agents capables, à eux seuls, d'effectuer des opérations complexes [17] [21] [22]. Chaque agent dispose d'une capacité de raisonnement, d'une aptitude à traiter des informations diverses liées au domaine d'application, et d'informations relatives à la gestion des interactions avec d'autres Agents et l'environnement.

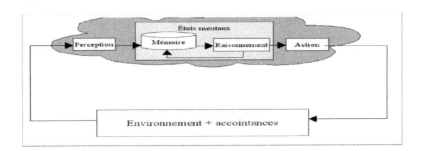

Figure II.4 - Agent cognitif [19]

II.4 Système multi agents (S.M.A.)

Il est plutôt rare que les concepteurs d'agents n'aient besoin que d'un seul agent dans l'environnement qu'ils construisent. Lorsque plusieurs agents se retrouvent dans un même environnement et que ces agents ont besoin d'interagir entre eux, on parle alors de système multi agent.

II.4.1 Définition

Un système multi-agent peut se définir comme un macro-système composé d'agents autonomes qui interagissent dans un environnement commun afin de réaliser une activité collective cohérente [23].

Le résultat de l'organisation de ces agents, les liens les reliant, définit l'identité du système multi-agent.

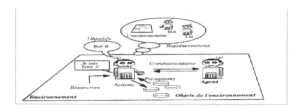

Figure II.5 Représentation imagée d'un agent en interaction avec son environnement et les autres agents [23]

II.4.2 Intérêts des SMA

Les apports les plus importants des systèmes multi-agents sont résumés comme suit [24] :

- L'automatisation et l'amélioration des processus de prise de décisions.
- La décentralisation d'un système en sous-systèmes coopératifs.
- La réutilisation par la création de nouveaux systèmes en interoperant avec ceux déjà existants.
- La représentation des connaissances d'une manière distribuée.
- La simulation des fonctionnements des organisations, comme ils sont utilisés pour simuler de nombreux mécanismes afin de vérifier les hypothèses des nombreuses recherches

II.4.3 Propriétés des SMA

Outre la notion d'environnement, qui comme on l'a expliqué, est fondamentale dans la définition des SMA, deux autres concepts caractérisent ces derniers. Le concept d'interaction qui permet aux agents d'échanger et le concept d'organisation, qui les structure.

II.4.4 Principe des SMA

Un SMA peut être ouvert (les agents y entrent et en sortent librement) ou fermé, homogène (les agents sont issus d'un même modèle) ou hétérogène. Au niveau de sa conception, un SMA impose une vision locale et décentralisée.

II.4.5 Interaction entre agents

Le concept d'interaction est fondamental pour les SMA. En effet, sans interactions aucune métaphore sociale n'est possible. Dans le cadre des SMA, une interaction peut être définie comme la mise en relation dynamique de deux ou plusieurs éléments du système par le biais d'un ensemble d'actions réciproque.

Ces éléments peuvent être des agents ou des éléments de l'environnement ou encore l'environnement lui-même.

Les interactions sont basées sur :

– La coopération

- La coordination

– La négociation :

I.4.5.1 La coordination

Est un Ensemble des activités supplémentaires qu'il est nécessaire d'accomplir dans un environnement comprenant plusieurs agents et qu'un agent seul poursuivant les mêmes buts n'accomplirait pas. [25]

II.4.5.2 La coopération

La coopération est une attitude adoptée par les agents qui décident de travailler ensemble. Elle permet à un agent de [15] :

- Mettre à jour les connaissances globales du système.

- Intégrer des informations venant d'autres agents.

- Interrompre son plan d'exécution pour aider les autres agents.

- Déléguer la tâche qu'il ne sait pas résoudre à un autre agent dont il connaît les compétences.

II.4.5.3 La négociation

Processus visant à améliorer les accords(en réduisant les inconsistances et l'incertitude) sur des points de vue communs ou des plans d'action grâce à l'échange structurée d'informations pertinentes.

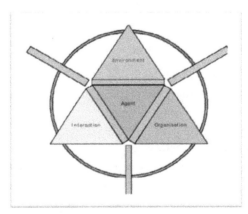

Figure II.6 Représentation symbolique d'un système multi-agents [15]

II.5 Langage de communication dans un SMA

Les agents peuvent interagir soit en accomplissant des actions linguistiques (en communiquant entre eux), soit en accomplissant des actions non-linguistiques qui modifient leur environnement. En communiquant, les agents peuvent échanger des informations et coordonner leurs activités.

Dans les SMA deux stratégies principales ont été utilisées pour supporter la communication entre agents: les agents peuvent échanger des messages directement ou ils peuvent accéder à une base de données partagées (appelée tableau noir ou "blackboard") dans laquelle les informations sont postées. Les communications sont à la base des interactions et de l'organisation sociale d'un SMA.

Il existe plusieurs types de protocoles de communication, les plus connus sont

II. 5-1 Protocole KQML (Knowledge query and manipulation language)

Le langage KQML [28] a été proposé pour supporter la communication inter-agents. Ce langage définit un ensemble de types de messages (appelés abusivement "performatifs") et des règles qui définissent les comportements suggérés pour les agents qui reçoivent ces messages.

II.5-2 Protocole FIPA-ACL (Foundation for Intelligent Physical Agents)

Ces dernières années, KQML semble perdre du terrain au profit d'un autre langage plus riche sémantiquement ACL (pour Agent Communication Language). Un langage mis de l'avant par la FIPA qui s'occupe de standardisé les communications entre agents. ACL est basé également sur la théorie du langage et a bénéficié grandement des résultats de recherche de KQML.

II.6 Domaines d'application des systèmes multi agents

De nos jours, la technologie multi agent a trouvé sa place dans plusieurs domaines tel que
✓ les systèmes médicaux
✓ les systèmes manufacturiers,
✓ Les systèmes financiers,
✓ les loisirs,
✓ les télécommunications,
✓ le contrôle-commande,
✓ les systèmes embarqués, et pas mal d'autres applications

II.7 Les plateformes de développement

II.7.1 plateforme JADE

Est une plate-forme Java pour les systèmes multi-agents respectant le standard FIPA. JADE a été développée par l'université de Parme et C-SELT – centre de recherche télécom italien.

Le but de JADE est pour simplifier le développement des systèmes multi-agents

- en assurant la conformité des standards par un ensemble complet de services et agents.

- en se conformant aux standards FIPA : service de nom, service de pages jaunes, messages transportés et service d'analyse, et une bibliothèque de protocole d'interactions de FIPA à utiliser.

Jade possède trois modules principaux nécessaires aux normes FIPA. Ils sont lancés à chaque démarrage de la plate-forme : [26]

· DF « Directory Facilitator » fournit un service de « pages jaunes » à la plate-forme.

· ACC « Agent Communication Channel » gère la communication entre les agents.

· AMS « Agent Management System » supervise l'enregistrement des agents, leur authentification, leur accès et l'utilisation du système

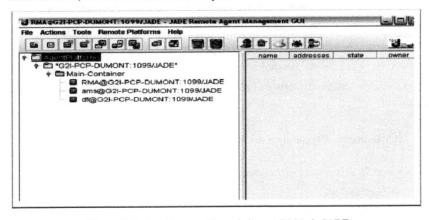

Figure II.7 - Interface graphique de l'agent RMA de JADE

II.7.2 La plate forme Jack

Jack est décrit comme étant un environnement pour construire, exécuter et intégrer des systèmes multi-agents commerciaux, écrite en Java et utilisant une approche orientée composants. Elle est développée par la société australienne Agent Oriented Software Pty. Ltd. Les agents sont basés sur le modèle BDI (Belief, Desire, Intention) développés à l'Australian

Artificial Intelligence Institute (AAII)

II.8 Conclusion

Le principe qui fait la force des SMA est de partager les tâches à réaliser entre plusieurs entités appelées 'agents' qui travaillent en collaboration pour atteindre un objectif commun. La solution globale est la coordination et le regroupement des solutions partielles des agents, Les SMA considèrent que l'action et l'interaction sont les éléments moteurs de la structuration d'un système dans son ensemble. Le système est alors fiable : la panne d'un sous-système n'entrave pas le fonctionnement de l'ensemble, de plus le système est extensible : l'adjonction d'un nouveau sous-système se fait de façon naturelle.

Ainsi la technologie multi agent semble être la solution pour le développement des logiciels de demain [27]

Chapitre III

Techniques De Classification

III.1.1 Introduction

Les réseaux de neurones, fabriquées de structures cellulaires artificielles, constituent une approche permettant d'aborder sous des angles nouveaux les problèmes de perception, de mémoire, d'apprentissage et de raisonnement au même titre que les algorithmes génétiques. Ils s'avèrent aussi des alternatives très prometteuses pour contourner certaines des limitations des méthodes numériques classiques.

Grâce à leur traitement parallèle de l'information et à leurs mécanismes inspirés des cellules nerveuses (neurones), ils infèrent des propriétés émergentes permettant de solutionner des problèmes complexes.

III.1.2 Principe des réseaux de neurones

Les réseaux de neurones formels ou neuromimétiques sont des réseaux qui en simulant le fonctionnement des neurones biologiques du cerveau humain, permettent aux différents systèmes d'apprendre à effectuer certaines tâches spécifiques.

Ils ne fonctionnent pas de façon programmée mais de façon intelligente, qui va extraire les traits caractéristiques des objets présentés lors de l'apprentissage. Cela leur permet de fonctionner même avec des informations partielles ou brouillées.

Les réseaux neuronaux sont composés souvent de plusieurs couches de cellules reliées entre elles et formant une vaste toile.

Ce réseau est capable d'ajuster la force de ses propres interconnexions (poids synaptiques) exactement comme cela se passe pour celles du cerveau de l'être vivant, lors de l'apprentissage.

III.1.3 Apprentissage des réseaux de neurones

III.3.1 : principe de l'apprentissage

Le point crucial du développement d'un réseau de neurones est son apprentissage. Il s'agit d'une procédure adaptative par laquelle les poids synaptiques sont ajustées face à une base d'exemple ([29]; [30].).

Les réseaux de neurones artificiels sont souvent liés à des algorithmes d'apprentissage.

Les poids sont initialisés avec des valeurs aléatoires. Puis des exemples d'apprentissage. sont présentés au réseau de neurones.

Une méthode d'optimisation modifie les poids au fur et à mesure des itérations pendant lesquelles on présente la totalité des exemples, afin de minimiser une fonction d'erreur.

Les poids retenus sont ceux pour lesquels l'erreur obtenue sur la base de test est la plus faible.

En effet, si les poids sont optimisés sur tous les exemples de l'apprentissage, on obtient une précision très satisfaisante sur ces exemples mais on risque de ne pas pouvoir généraliser le modèle à des données nouvelles. A partir d'un certain nombre d'itérations, le réseau ne cherche plus l'allure générale de la relation entre les entrées et les sorties du système, mais s'approche trop prés des points et « apprend » le bruit (sur -apprentissage).

pour éviter le probléme de sur-apprentissage ;nous divisons la base d'exemple en trois parties :

 -base d'apprentissage

- base de test

- base de validation

Nous arrétons l'apprentissage lorsque l'erreur de test commence à diverger(valeur minimal).

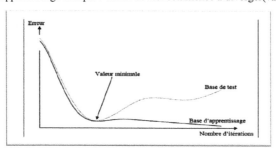

Figure III.8 Erreur moyenne sur la base d'apprentissage en fonction du nombre d'itérations.

III.3.2 : types d'apprentissage

Il existe trois types d'apprentissages principaux. Ce sont l'apprentissage supervisé, l'apprentissage non-supervisé et l'apprentissage semi supervisé [31].

✓ *Apprentissage supervisé* : On parle d'apprentissage supervisé quand le réseau est alimenté avec la bonne réponse pour les exemples d'entrées donnés.

✓ *Apprentissage non supervisé* : Dans le cas de l'apprentissage non-supervisé le réseau décide lui-même quelles sont les bonnes sorties. [32].

✓ *Apprentissage semi-supervisé* : est un apprentissage de type essai-erreur où le réseau donne une solution et est seulement alimenté avec une information indiquant si la réponse était correcte ou si elle était au moins meilleure que la dernière fois.

III.1.4 Différents types des réseaux de neurones

Plusieurs types de réseaux de neurones ont été développés qui ont des domaines d'application souvent très variés. Notamment trois types de réseaux sont bien connus:

• le réseau de Hopfield (et sa version incluant l'apprentissage, la machine de Boltzmann),

• les cartes auto-organisatrices de Kohonen.

• les réseaux multicouches de type rétro propagation.

Les réseaux multicouches de type rétro propagation sont les réseaux les plus puissants des réseaux de neurones .ils utilisent l'apprentissage de type supervisé.

III.14.1 Les réseaux multicouches de type rétro propagation

Un réseau de type rétro propagation se compose d'une couche d'entrée, une couche de sortie et zéro ou plusieurs couches cachées [30]. Les connections sont permises seulement d'une couche inférieure (plus proche de la couche d'entrée) vers une couche supérieure (plus proche de la couche de sortie). Il est aussi interdit d'avoir des connections entre des neurones de la même couche.

Sorties

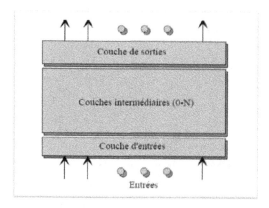

Figure III.9 -Réseau de rétro propagation [30]

La couche d'entrée sert à distribuer les valeurs d'entrée aux neurones des couches supérieures, éventuellement multipliées ou modifiées d'une façon ou d'une autre.

La couche de sortie se compose normalement des neurones linéaires qui calculent seulement une somme pondérée de toutes ses entrées.

Les couches cachées contiennent des neurones avec des fonctions d'activation non-linéaires, normalement la fonction sigmoïde.

Il a été prouvé [31] qu'il existe toujours un réseau de neurones de ce type avec trois couches seulement (couche d'entrée, couche de sortie et une couche cachée) qui peut approximer une fonction f : [0,1] n ⇒ Rm avec n'importe quelle précision ε > 0 désirée. Un problème consiste à trouver combien de neurones cachés sont nécessaires pour obtenir cette précision. Un autre problème est de s'assurer a priori qu'il est possible d'apprendre cette fonction.

III.1.5 La mise en œuvre des réseaux de neurones multicouches

III.1.5.1 : Les entrées pertinentes

La détermination des entrées pertinentes peut être beaucoup plus délicate pour le processus naturel complexe (écologique ou bien social ou financier. . .). Ainsi, si l'on veut prédire une propriété spécifique, le choix des descripteurs pertinents n'est pas évident.

III.1.5.2 : La normalisation des données

Les données utilisées dans un réseau de neurone doivent être numériques et leurs modalités comprises dans l'intervalle [0,1], ce qui implique quand ce n'est pas le cas, une normalisation des données est exigée.

La normalisation des données est considérée comme le prétraitement le plus important lorsqu'on utilise les réseaux de neurones.

III.1.5.3 : nombre de couche cachée

Mis à part les couches d'entrée et de sortie, il faut décider du nombre de couches intermédiaires ou cachées. Sans couche cachée, le réseau n'offre que de faibles possibilités d'adaptation. Néanmoins, il a été démontré qu'un Perceptron Multicouches avec une seule couche cachée pourvue d'un nombre suffisant de neurones, peut approximer n'importe quelle fonction avec la précision souhaitée [33].

III.1.5.4: Nombre de neurones cachés

Chaque neurone peut prendre en compte des profils spécifiques de neurones d'entrée.

Un nombre plus important permet donc de mieux "coller" aux données présentées mais diminue la capacité de généralisation du réseau. Il faut alors trouver le nombre adéquat de neurones cachés nécessaire pour obtenir une approximation satisfaisante.

III.1.5.5 : L'apprentissage des perceptrons multicouches

L'apprentissage consiste en un entraînement du réseau. On présente au réseau des entrées et on lui demande de modifier sa pondération de telle sorte que l'on retrouve la sortie correspondante.

L'algorithme consiste dans un premier temps à propager vers l'avant les entrées jusqu'à obtenir une entrée calculée par le réseau. La seconde étape compare la sortie calculée à la sortie réelle connue. L'algorithme modifie alors les poids de telle sorte qu'à la prochaine itération, l'erreur commise entre la sortie calculée et connue soit minimisée.

III.1.5.6 :l'algorithme de rétro propagation

L'algorithme de rétro propagation (ARP) ou de propagation arrière « backpropagation» est l'exemple d'apprentissage supervisé le plus utilisé à cause de l'écho médiatique de certaines applications spectaculaires telles que la démonstration de Sejnowski et Rosenberg (1987) dans laquelle l'ARP est utilisé dans un système qui apprend à lire un texte.

➤ L'algorithme par descente de gradient

Cette technique d'apprentissage classique a été mise au point par Rumelhart et est

Cette technique calcule l'erreur entre la sortie théorique du réseau et la valeur de sortie du réseau de neurones. La principale caractéristique de cette méthode d'apprentissage est que la valeur de l'erreur est ensuite directement utilisée pour modifier les différents poids intervenant dans le réseau de neurones. Cette modification est effectuée de la couche de sortie vers la couche d'entrées. L'objectif de cette rétro propagation est de minimiser l'erreur globale du réseau.

III.1.6 : Avantages et Inconvénients des réseaux de neurones

Les RNS présentent une capacité de généralisation et une facilité d'apprentissage ;par contre ils ne sont pas interprétables(boites noires)

DEUXIEME PARTIE

ALGORITHMES GENETIQUES

III.2.1 Introduction

L'idée à l'origine des algorithmes génétiques remonte aux années 50. Elle a émergé au travers des premières tentatives de modifier des programmes ou des paramètres avec du (pseudo) hasard, et d'évaluer le résultat, par Nils All Barricelli et Alex Fraser. [37]

Les algorithmes génétiques sont basés sur un phénomène naturel qui a fait ses preuves : *l''evolution*. Plus précisément, ils s'inspirent de l'évolution d'une population d'individus dans un milieu donne.

La théorie de ces algorithmes évolutionnaires est de simuler l'évolution d'une population d'individus divers (généralement tirée aléatoirement au départ) à laquelle on applique différents opérateurs (recombinaisons, mutations…) et que l'on soumet à une sélection, à chaque génération. Si la sélection s'opère à partir de la fonction d'adaptation, alors la population tend à s'améliorer

Un tel algorithme ne nécessite aucune connaissance du problème : on peut représenter celui-ci par une boîte noire comportant des entrées (les variables) et des sorties (les fonctions objectives). L'algorithme ne fait que manipuler les entrées, lire les sorties, manipuler à nouveau les entrées de façon à améliorer les sorties, etc. [34]

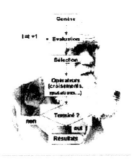

Figure III.10   organigramme des algorithmes évolutionnaires [34]

III. 2.2 objectif des algorithmes génétiques

Les algorithmes génétiques sont des algorithmes d'exploration développés à l'origine par J. Holland et son équipe au sein de l'université du Michigan [35] sont fondés sur la sélection naturelle et la génétique. Ils utilisent les principes de la survie des structures les mieux adaptées, les échanges d'informations pseudo-aléatoires. Ils reposent de manière intensive sur le hasard mais ne sont pas purement aléatoires.

III.2.3 Fonctionnement des algorithmes génétiques

Les AGs fonctionnent avec une population regroupant un ensemble d'individus (*chromosomes*). Pour chaque individu on attribue une valeur calculée par la fonction d'adaptation ou *fitness*.

En pratique, à partir d'une population, des chromosomes sont générés d'une façon aléatoire lors de l'initialisation. Pour définir la taille de la population, des travaux ont mentionné que cette taille varie d'un problème à un autre.

Dans chaque cycle d'opérations génétiques, une nouvelle population appelée *génération* est créé à partir des chromosomes de la population courante. Pour cela certains chromosomes appelés '*parents*' sont sélectionnés afin d'élaborer les opérations génétiques. Les gènes de ces parents sont mixés et recombinés pour la production d'autres chromosomes appelés '*enfants*' constituant la nouvelle génération.

Les étapes de l'AG sont répétées durant *t* cycles, l'arrêt de l'algorithme est fixé d'après un *critère d'arrêt*. On peut avoir plusieurs critères d'arrêt :

✓Le nombre de génération fixé initialement a été atteint.

✓La valeur de la fonction d'adaptation a atteint une valeur fixée *a priori*.

✓L'absence d'évolution de la valeur de la fonction d'adaptation des individus d'une population à une autre.

✓Les chromosomes ont atteint un certain degré d'homogénéité.

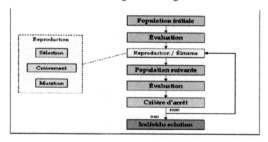

Figure III.11 schéma de principe d'un algorithme génétique

Globalement l'algorithme est basé sur :

- Une représentation chromosomique des solutions du problème.
- Une méthode pour créer une population initiale de solutions.
- Une fonction d'évaluation (fitness) pour classer les solutions en fonction de leurs aptitudes.
- Des opérateurs génétiques qui définissent la manière dont les caractéristiques génétiques des parents sont transmis aux descendants (enfants).
- Les valeurs des paramètres utilisés par l'AG.

III.2.4 Codage et opérateurs d'un algorithme génétique

Trois opérateurs caractérisent les algorithmes génétiques et rappellent l'origine de ces méthodes, ils vont permettre à la population d'évoluer, par la création d'individus nouveaux construits à l'aide des individus anciens. Plus précisément, on prélève, dans certains individus de la population courante, une partie de leurs caractéristiques en choisissant certaines parties des chromosomes qui les représentent ; puis on recombine ces différentes parties pour constituer les individus de la nouvelle population :

La phase de sélection indique dans quelles configurations de la population courante on va prélever des morceaux de chromosomes ; la phase de croisement prélève ces morceaux de chromosomes et les recombine pour former les configurations de la population suivante.

La phase de mutation s'applique à la nouvelle population en changeant éventuellement certains gènes de certains chromosomes obtenus à la fin de la phase de croisement. Une succession des trois opérations de sélection, de croisement et de mutation constitue une génération, et les algorithmes génétiques consistent donc à faire évoluer une population initiale pendant un certain nombre de générations, nombre déterminé par l'utilisateur. [38]

III.2.4.1 : le codage

Une méthode évolutionnaire, spécifiquement basée sur un algorithme génétique nécessite une représentation des individus qui sont les solutions du problème que l'on cherche à résoudre

Dans la plupart des représentations chaque gène correspond à un attribut qui représente une variable de l'espace de recherche. Chaque variable, associée à une caractéristique de l'espace peut prendre certaines valeurs (discrètes ou continues) .une représentation simple, souvent utilisées en algorithme génétique, adapte le principe de gènes binaire exprimant la présence ou l'absence de la caractéristique associée .dans de telle représentation, chaque individu est représenté par une chaine de longueur généralement fixe

Aujourd'hui, il est unanimement admis qu'il faut considérer 2 espaces : l'espace ou est posé le problème, sur lequel on peut calculer la fonction objectif ou espace phénotypique, et l'espace ou travaillent les opérateurs génétiques ou espace génotypique

Le codage est le passage du phénotype ou génotype, un bon codage est celui qui favorise la fonction des briques élémentaires qui seront recombinée par l'opérateur de croisement.

Il y a deux principaux types de codage utilisables, et on peut passer de l'un à l'autre relativement facilement :

✓**Codage binaire** : Chaque gène dispose du même alphabet binaire {0, 1}, C'est le plus utilisé et celui qui a été employé lors de la première application des algorithmes génétiques.

Chromosome A

0	1	0	0	1	1	0	1

Chromosome B

1	1	1	0	0	1	0	1

Figure III.12 Exemple de codage binaire

✓**Le codage par permutations** de valeurs entières : Le gène est codé par une valeur entière dans un ensemble de cardinalité égale au nombre de gènes, cela peut-être utile notamment dans le cas où l'on recherche le maximum d'une fonction réelle.

Exemples :

Chromosome A

1	3	6	2	5	8	4	7

Chromosome B

6	1	3	2	7	4	5	8

Figure III.13 Exemple de codage par permutation

III.2.4.2 : Initialisation de la population

cette étape consiste à initialiser une population avec une méthode complètement aléatoire, la population se compose d'un ensemble d'individus (points dans l'espace de recherche),solution possible du problème.

Un individu, appelé généralement chromosomes est constitué de gènes de chaines de bits codés souvent en binaire '0-1',a chaque individu on attribue une fonction performance évaluant le mérite de cet individu en tant que solution possible du problème

la population évolue en une succession de générations en respectant le principe que les individus les plus adaptés (en terme de valeurs de la fonction performance) survivent et se reproduisent

III.2.4.3 : Principe de sélection

Cet opérateur est chargé de définir quels seront les individus de P qui vont être dupliqués dans la nouvelle population P' et vont servir de parents (application de l'opérateur de croisement).

Soit n le nombre d'individus de P, on doit en sélectionner $n/2$ (l'opérateur de croisement nous permet de repasser à n individus).

Cet opérateur est peut-être le plus important puisqu'il permet aux individus d'une population de survivre, de se reproduire ou de mourir. En règle générale, la probabilité de survie d'un individu sera directement reliée à son efficacité relative au sein de la population.

Il existe différentes méthodes de sélection :

• La méthode de la "loterie biaisée" (roulette wheel) de GoldBerg,

• La sélection par tournois,

La loterie biaisée ou roulette Wheel

Cette méthode est la plus connue et la plus utilisée. Avec cette méthode chaque individu a une chance d'être sélectionné proportionnelle à sa performance, donc plus les individus sont adaptés au problème, plus ils ont de chances d'être sélectionnés.

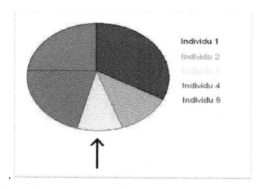

Figure III.14 Méthode de sélection de la loterie biaisée[35]

La sélection par tournois

Cette méthode est celle avec laquelle on obtient les résultats les plus satisfaisants.

Le principe de cette méthode est le suivant : on effectue un tirage avec remise de deux individus de P, et on le fait "combattre". Celui qui a la fitness la plus élevée l'emporte avec une probabilité p comprise entre 0.5 et 1. On répète ce processus n fois de manière a obtenir les n individus de P' qui serviront de parents.

La variance de cette méthode est élevée et le fait d'augmenter ou de diminuer la valeur de p permet respectivement de diminuer ou d'augmenter la pression de la sélection.

III.2.4.4 : principe de croisement (crossover)

Le crossover utilisé par les algorithmes génétiques est la transposition informatique du mécanisme qui permet, dans la nature, la production de chromosomes qui héritent partiellement des caractéristiques des parents.

Son rôle fondamental est de permettre la *recombinaison* des informations présentes dans le patrimoine génétique de la population.

Le croisement a pour but d'enrichir la diversité de la population en manipulant la structure des chromosomes. Classiquement, les croisements sont envisagés avec deux parents et génèrent deux enfants.ils consiste à échanger les gènes des parents afin de donner des enfants qui porte des propriétés combinées. Bien qu'il soit aléatoire, cet échange d'informatique offre aux algorithmes génétiques une part de leurs puissances : quelque fois de bons gène d'un parent viennent les mauvais gènes d'un autre et créent des fils mieux adaptés aux parents.

32

Il existe différentes techniques de croisement

Croisement à 1 point (croisement simple) .

On choisit aléatoirement un point de croisement pour chaque couple d'individus sélectionné. Notons que le croisement s'effectue directement au niveau des gènes représentés soit en binaires ou en réels. Un chromosome ne peut pas être coupé au milieu d'un gène. La figure II.15 illustre ce croisement d'un seul point de coupure dans le cadre d'une représentation binaire ou réelle des gènes des chromosomes.

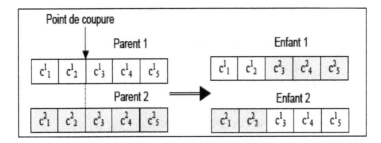

Figure III.15 : Croisement à 1 point

a.Croisement multiple (multipoint)

Plusieurs auteurs se sont penchés sur l'utilisation de plusieurs points de coupure concernant l'opérateur de croisement. Le nombre de points de coupure généré est en moyenne $L/2$ où L est la taille du chromosome.

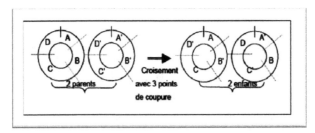

Figure III.16- Croisement avec 3 points de coupure

III.2.4.5 : principe de l'opérateur de mutation

Cet opérateur consiste à changer la valeur allénique d'un gène avec une probabilité *pm* très faible, généralement comprise entre 0.01 et 0.001.

On peut aussi prendre *pm = 1 / lg* où *lg* est la longueur de la chaîne de bits codant notre chromosome.

Une mutation consiste simplement en l'inversion d'un bit (ou de plusieurs bits, mais vu la probabilité de mutation c'est extrêmement rare) se trouvant en un locus bien particulier et lui aussi déterminé de manière aléatoire; on peut donc résumer la mutation de la façon suivante :
On utilise une fonction censée nous retourner *true* avec une probabilité *pm*.

Pour chaque locus **faire**

Faire appel à la fonction

Si cette fonction nous renvoie *true* **alors** on inverse le bit se trouvant à ce locus

FinSi

FinPour

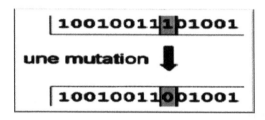

Figure III.17 - une mutation

L'opérateur de mutation modifie donc de manière complètement aléatoire les caractéristiques d'une solution, ce qui permet d'introduire et de maintenir la diversité au sein de notre population de solutions. Cet opérateur joue le rôle d'un "élément perturbateur", il introduit du "bruit" au sein de la population.

III.2.5 Avantages et inconvénients des algorithmes génétiques

L'avantage principale des AGs est la recherche de l'optimum global par contre ils consomment beaucoup de temps d'exécution

TROISIEME PARTIE

HYBRIDATION ALGORITHMES GENETIQUES

& RESEAUX DE NEURONES

III.3.1 Introduction

Les réseaux évolutionnaires sont des réseaux neuronaux qui utilisent des algorithmes génétiques avec au moins trois finalités principales :

✓-l'évolution des poids des connexions neuronales

✓-l'évolution de l'architecture du réseau, l'idée étant de remplacer les procédures manuelles d'essais et d'erreurs par un algorithme évolutionnaire ;

✓L'évolution des règles d'apprentissage .On cherche alors la régle la mieux adaptée au problème.

Dans la pratique, il est naturellement possible de combiner ces différentes approches .l'algorithme suit typiquement les étapes suivantes :

1) construction d'une population de génomes représentant des réseaux.

2) décodage des génomes et génération des réseaux

3) calcul de la fitness de chacun des réseaux .la fonction fitness est basée sur l'erreur total, la durée de convergence, la complexité du réseau, ect.

4) si l'objectif (ou le nombre maximum d'itérations)est atteint sortie de l'algorithme

5) sélection des individus les meilleurs pour reproduction

6) application des différentes opérateurs génétiques pour construire les génomes des descendants

7) sélection de la nouvelle génération parmi l'ensemble formé par les populations initiales et descendants et remplacement de la population

8) retour à l'étape 2

III.3.2 Utilisation des AGS pour une optimisation des poids(Apprentissage paramétrique) :

La partie suivante présente le concept de base d'une technique d'optimisation de poids génétiques [39], [40], [41]

Pour une utilisation des algorithmes génétiques, il faut d'abord représenter le problème comme un chromosome. Par exemple, nous voulons optimiser les poids d'un perceptron multicouche présenté dans la figure III.18

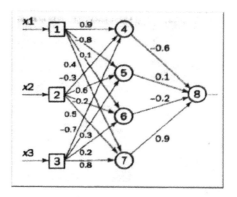

Figure III.18 - présentation d'un système neuro-génétique [39]

Dans **la première étape** on va générer Des poids initiaux dans le réseau choisi aléatoirement dans le petit intervalle [-1,1]. Dans ce perceptron, il y a 16 liaisons pondérées entre les neurones. Puisqu'un chromosome est un ensemble de gènes, l'ensemble des poids peut être représenté par un chromosome à 16 gènes, où chaque gène correspond à une liaison simple pondérée dans le réseau. Ce chromosome présente un individu d'une population c.ad une solution proposé à partir d'un ensemble des solutions

Dans **La deuxième étape** on doit définir une fonction d'évaluation (fitness) pour évaluer la performance des chromosomes. Cette fonction doit estimer la performance d'un réseau neuronal donné. Nous pouvons appliquer ici une fonction assez simple définie par la réciproque de l'erreur quadratique

On peut utiliser aussi comme une fonction le taux de classification non correcte

36

La **troisième étape** on   doit appliquer les deux opérateurs des algorithmes génétiques croissement et mutation. Figure III.19 et III.20

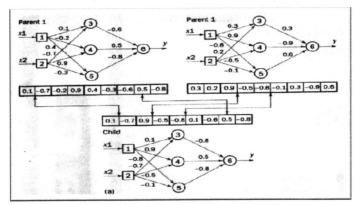

Figure III.19 Opérateur de croisement dans un système neuro-génétique [39]

Un opérateur de mutation choisit aléatoirement un gène dans un chromosome et ajoute une petite valeur aléatoire à chaque poids dans ce gène..

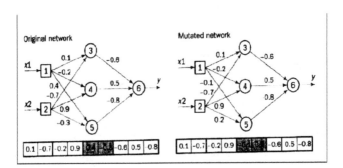

Figure III.20 - opérateur de mutation dans le système   neuro-génétique [39]

Maintenant nous sommes prêts à appliquer l'algorithme génétique. Bien sûr, nous devons toujours définir la taille de population, c'est-à-dire le nombre de réseaux avec des poids différents, la probabilité de croisement et de mutation et le nombre de générations

Evolution de l'architecture des réseaux

L'évolution de l'architecture des réseaux associe à un algorithme génétique qui engendre une population de réseaux et un processus d'apprentissage qui permet d'en évaluer les fitness. On utilise des fonctions complexes pour les architectures de réseaux. Outre l'erreur totale ou la vitesse de convergence, on doit en effet tenir compte de la complexité du réseau (nombre de connexions et de neurones)

La méthode consiste à encoder l'ensemble des caractéristiques du réseau. On peut alors utiliser pour un réseau de N neurones, une matrice carrée de N*N dont les valeurs booléennes spécifient l'(in)existence d'une connexion .le chromosome binaire en découle directement[36]

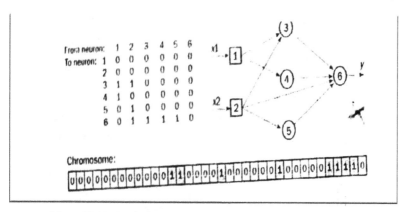

Figure III.21- Système neuro-génétique pour le choix de la topologie [36]

Il est naturellement possible de substituer à la matrice booléenne une matrice réelle .on peut traiter à la fois de l'architecture et de l'apprentissage. [34]

III.3.3 Conclusion

Les RNS peuvent modifier les poids synaptiques et leurs apprentissages classique (rétro-propagation) ou un apprentissage hybride en faisant appel aux AGS.
Dans ce travail nous avons adopté les deux approches

Chapitre IV

RESULTATS & INTERPRETATIONS

IV .1 Introduction

Le diagnostic médical est un processus de classification. L'utilisation de techniques dite intelligentes pour la réalisation de cette classification devient de plus en plus importante.

Même si la décision de l'expert est le facteur le plus important lors du diagnostic, les systèmes de classification fournissent une aide substantielle, car ils réduisent les erreurs dues à la fatigue et le temps nécessaire pour le diagnostic.

Le but d'une classification médicale de pathologies est de rassembler les cas qui ont des similitudes biologiques et qui sont susceptibles de partager certains facteurs étiopathologiques.

L'identification des classes est importante vu qu'elle permet, d'une part de comprendre le processus de la maladie et d'autre part d'instaurer l'approche thérapeutique adéquate. En outre, elle permet de dégager le pronostic global de la maladie.

Plusieurs méthodes de classification comprenant les statistiques, l'intelligence artificielle et les réseaux de neurones ont été utilisées pour l'aide au diagnostic médical [42] [43] [44]

Dans le cadre de ce mémoire ; nous nous sommes intéressés à étudier la performance des réseaux de neurones, leurs hybridations avec les algorithmes génétiques pour la classification du cancer du sein

Après la phase de la classification mono agent, nous avons instauré le principe multi agent comme suit :

Nous avons utilisé quatre agents :

✓les trois premiers représenteront les classifieurs neuronales et neuro-génétiques paramétrique et structurel

✓le quatrième sera un agent contrôleur Il aura la tâche de rassembler les résultats respectifs des trois agents pour donner le diagnostic final

IV.1.1 Etat de l'art

Plusieurs travaux ont été réalisés dans la littérature pour le diagnostic médical en utilisant les méthodes connexionnistes, évolutionnaires et les approches multi agents.

En ce qui concerne

> *l'approche connexionniste*

1/**Cheng et al**. [46] ont utilisé deux modèles des réseaux de neurones artificiels.

✓Le premier est un réseau à rétro propagation d'erreur avec une topologie à trois couches.

✓Le second est un réseau utilisant des fonctions à base radiale.

Le taux de reconnaissance obtenu avec le premier est de **72%**, et avec le second est de **65%**, bien que la démarche est intéressante, le temps d'exécution est long entrainant un sur apprentissage et ceci a donné des résultats faibles.

2/ **Guo et Nandi [54]**, (2006), ont proposé un perceptron multicouche (PMC) en tant que classifieur avec l'algorithme de retro propagation d'erreur pour le diagnostic du cancer du sein avec la base de données *WDBC (Wisconsin Diagnosis Breast Cancer)*

ils ont obtenu un taux de classification de **96.21 %**.

3/**Verma [45]** a proposé un nouvel algorithme d'apprentissage pour les réseaux de neurones appelé SCNN(**Soft cluster neural network**) basé sur la technique de soft clustering pour l'optimisation des poids des réseaux de neurones en utilisant la base de données de mammographie DDSM (Digital Database of Screening Mammography),. Ce système a donnée un taux de classification **94%**

> **L'approche évolutionnaire.**

1/ **Zhang et al**. [47] ont employé un algorithme génétique avec réseau de neurones pour la classification du cancer du sein avec un taux de reconnaissance de **90.5%**

2/**Sekkal et al**. [48] ont appliqué les algorithmes génétiques combinés avec les réseaux de neurones pour l'amélioration de l'architecture sur la base de données d'arythmies cardiaques de la base MIT BIH ils ont obtenu un taux de classification de **98.86%,** une sensibilité de 99.09% et une spécificité de 98.66%.

Ils ont utilisé les algorithmes génétiques fondés sur un classifieur neuronal pour les poids de connexions sur la même base de données .Cette approche a donné de très bons résultats avec un taux de classification correcte de 98,72% et une sensibilité de 97,33% par rapport à classificateur classique qui a un taux de classification de 95,71% et 87,98% de sensibilité.[55]

➢**L'approche multi agents**

Le système de diagnostic CMDS (Contrat Net Based Medical Diagnosis System) se compose d'agents artificiels et de médecins spécialisés dans différents domaines médicaux. Au début, un problème noté « Pr » est communiqué à un agent médical nommé « Mda »membre du système, qui aura pour rôle de manipuler de façon autonome la résolution des problèmes .en cas de difficultés il fait appel à un agent auxiliaire appelé « Asg »ou un autre agent médecin « Mda1 »avec une autre spécialité. [49]

A.-J. Fougères a illustré Une architecture cognitive d'agents communicants dans des systèmes d'information complexes

le système se compose des agents suivants :

Un agent nommé « Agent *infectieux* » est introduit localement (par un agent appelé « Agent de simulation » qui active les maladies (grippe, méningite). Il peut, en raison de sa proximité, infecter un agent nommé « agent *individu* sain ». Ce dernier devient porteur de la maladie et peut la véhiculer dans son environnement évolutif (déplacements), il informe ses symptômes (sous forme de messages) à un agent nommé « AgentMedecin » dans le cas d'une épidémie, l'AgentMedecin informe un agent nommé « Agent INVS » pour assurer le control [53]

A Multi-Agent System (MAS) Based Scheme for Health Care and Medical Diagnosis System se compose des agents suivants :

Un agent utilisateur nommé « Agent **UA** » dont le rôle est de prendre des symptômes des nouveaux patients comme des données brutes, ceci à l'aide d'une interface utilisateurs, un agent principal nommé « Agent **MA** » applique une certaine méthode pour convertir les données en connaissances afin de choisir un agent docteur spécialiste (nomme « agent **SDA** ») pour manipuler le cas du patient [52]

NB : Les agents « médecins » et les agents « INVS »sont doté d'une base de connaissance agent principal « MA » et l'agent spécialiste « SDA » sont doté d'une base de connaissance.

IV.1.2 Description de la base de la maladie du cancer du sein

La base de données du cancer du sein dénommée « Wisconsin Breast Cancer Database » a été obtenue par l'Université du Wisconsin [50]

elle contient les informations médicales de 699 cas cliniques relatifs au cancer du sein classés comme bénin ou malin : 458 patientes (soit 65.5%) sont des cas bénins et 241 patientes (soit 34.5%) sont des cas malins.

La base de données contient 16 données manquantes; les patientes sont caractérisées par 11 attributs : le premier fait référence à l'identificateur de la patiente et le dernier représente la classe: le diagnostic est de 2 si le cas est bénin ,4 si le cas est malin quant aux 9 autres, ils représentent des cas cliniques suivants:

1-Clump Thickness: l'épaisseur de la membrane plasmique d'une cellule cancéreuse est plus importante que celle d'une cellule normale.

2. Uniformity of Cell Size : les cellules cancéreuses sont caractérisées par une anisocytose, à savoir une inégalité au niveau de la taille par comparaison avec les cellules saines.

3. Uniformity of Cell Shape : les cellules cancéreuses sont marquées par des contours irréguliers ainsi que des incisures

4. Shape Marginal Adhesion: une surexpression de la protéine integrin beta3 au niveau de la surface de la cellule cancéreuse.

5 .Single Epithelial Cell Size: étant donné que les cellules épithéliales sont absentes à l'état naturel au niveau de la moelle osseuse et qu'elles ne sont pas détectées chez les individus sains, la moelle osseuse peut, de ce fait, être considérée comme un indicateur de maladie métastatique chez les patients atteints du cancer du sein au stade primaire.

6. Bare Nuclei: à l'état normal, les nucléoles se trouvent à l'intérieur du noyau. Dans le cas où ses derniers se trouvent confondus avec le cytoplasme cela indique que la cellule présente une anomalie et qu'elle est susceptible de devenir cancéreuse.

7 Bland Chromatin : H2az est une protéine qui induit l'expression du gène du récepteur d'œstrogènes.

La surproduction de cette protéine est un marqueur de présence de cellules cancéreuses au niveau du sein étant donné qu'elles son hormono-dépendantes.

8 Normal Nucleoli : L'ADN est naturellement protégé par une membrane nucléraire. Une défaillance observée au niveau de cette membrane peut refléter une croissance tumorale.

9. Mitoses : La mitose est un processus de division cellulaire régulé permettant de reproduire des cellules filles génétiquement identique à la cellule parentale.

Les cellules malignes sont caractérisées par une division cellulaire anarchique et intense par comparaison avec une population cellulaire normale.

Remarque : Etant donné qu'il y a 16 données manquantes, nous nous sommes restreints à travailler sur 683 /699 patientes

IV.1.3 Les outils de programmation

Afin de réaliser ce travail nous avons utilisé des outils suivants :

1) pour effectuer la phase d'apprentissage et la phase de test sur la base de données nous avons utilisé le langage Matlab 7

2) pour illustrer le principe des systèmes multi agents nous avons sollicité la plateforme jade en ayant recours au langage Java

A noter que le passage de Matlab à Java s'est réalisé à l'aide de la bibliothèque jMatlink

IV.1.4 principe de la classification

Dans certains cas, il est possible de décrire complètement, de manière linguistique, la démarche de classification; dans ce cas, un algorithme reproduisant cette démarche peut être construit et le problème est résolu. Dans d'autres cas, il est impossible de décrire précisément la classification; une solution consiste alors à demander à un professeur (expert) de classer un échantillon d'objets.

Des méthodes de résolution, qui apprennent par l'exemple, sont capables de reproduire la classification de l'expert et, ensuite, de classer automatiquement de nouveaux exemples inconnus.

Nous avons utilisé ce deuxième type qui se base sur l'apprentissage par l'exemple.

Pour effectuer la phase d'apprentissage il est nécessaire d'avoir une optimisation de la fonction de coût d'où la définition de cette dernière est primordiale.

Car celle-ci sert à mesurer l'écart entre la sortie du modèle et les mesures faites sur les exemples d'apprentissage. Ainsi elle consiste à avoir une maximisation du taux de reconnaissance et en même temps une minimisation de l'erreur.

L'idée est de disposer d'un ensemble permettant de tester la qualité de la procédure de classification induite. On partitionne l'échantillon en un ensemble d'apprentissage et un ensemble test. La répartition entre les deux ensembles doit être faite expérimentalement. L'estimation de l'erreur réelle est alors l'erreur apparente mesurée sur l'ensemble test.

La qualité de l'apprentissage augmente avec la taille de l'ensemble d'apprentissage. Mais, dans la pratique, la taille de l'échantillon est limitée.

Cette méthode donne de bons résultats lorsque l'échantillon est "assez" grand. Il existe peu de résultats théoriques sur les tailles d'échantillon nécessaires pour utiliser cette méthode, nous ne disposons que de résultats empiriques qui dépendent du problème (souvent, plusieurs centaines d'exemples).

La répartition de l'échantillon entre les deux ensembles se fait en général dans des proportions 1/2, 1/2 pour chacun des deux ensembles ou 2/3 pour l'ensemble d'apprentissage et 1/3 pour l'ensemble test.

IV.1.5 Phase de test (d'évaluation)

Cette phase doit permettre l'affectation d'un nouvel objet à l'une des classes, au moyen d'une règle de décision intégrant les résultats de la phase d'apprentissage. L'objectif est d'obtenir une estimation la plus fidèle possible du comportement du classifieur dans des conditions réelles d'utilisation. Pour cela, des critères classiques comme les taux de classification et les taux d'erreur sont presque systématiquement utilisés. Mais d'autres critères, comme la spécificité et la sensibilité, apportent aussi des informations utiles.

a-**taux de classification** : Les taux de classification et d'erreurs permettent d'évaluer la qualité du classifieur par rapport au problème pour lequel il a été conçu. Ces taux sont évalués grâce à une base de test qui contient des formes étiquetées par leur classe réelle d'appartenance comme celles utilisées pour l'apprentissage afin de pouvoir vérifier les réponses du classifieur.

Pour que l'estimation du taux de reconnaissance soit la plus fiable possible, il est important que le classifieur n'ait jamais utilisé les échantillons de cette base pour faire son apprentissage, de plus cette base de test doit être suffisamment représentative du problème de classification.

En général, quand les échantillons étiquetés à disposition sont suffisamment nombreux, ils sont séparés en deux parties disjointes et en respectant les proportions par classes de la base initiale. Une partie sert pour former la base d'apprentissage et l'autre pour former la base de test.

Les performances en termes de taux de classification sont alors déterminées en présentant au classifieur chacun des exemples de la base de test et en comparant la classe donnée en résultat à la vraie classe.

Le taux de classification correcte est défini par :

$$CC = VP(i)+VN(i) \; / \; VP(i)+VN(i)+FP(i)+FN(i)$$

Avec : *VP* : Vrai Positif : nombre de positifs classés positifs.

VN : Vrai Négatif : nombre de négatifs classés négatifs.

FP : Faux Positif : nombre de négatifs classés positifs.

FN : Faux Négatif : nombre de positifs classés négatifs.

b. sensibilité et spécificité

Sensibilité : on appelle sensibilité (Se) du test sa capacité de donner un résultat positif quand la maladie est présente. Dans le langage des probabilités, la sensibilité mesure la probabilité conventionnelle que le test soit positif lorsque la maladie est présente. La sensibilité est estimée par la proportion de résultats positifs par suite de l'application du test à un groupe d'individus reconnus comme ayant la maladie.

$$S e = VP/VP + FN$$

Spécificité : on appelle spécificité (Sp) du test cette capacité de donner un résultat négatif quand la maladie est absente. Dans le langage des probabilités, la spécificité mesure la probabilité conventionnelle que le test soit négatif lorsque la maladie est absente. La spécificité est estimée par la proportion de résultats négatifs conséquemment à l'application du test à un groupe d'individus reconnus comme n'ayant pas la maladie.

$Sp = VN/VN + FP$

IV.2 TRAVAIL EFFECTUE

Ce travail se divise en deux parties,

> la première partie étant la classification par les trois méthodes (méthode neuronale, neuro-génétique paramétrique, neuro-génétique structurel)

> la seconde décrit comment nous avons procédé pour illustrer le principe multi agents et ceci à l'aide des outils cités précédemment.

IV.2.1 Classification mono-agents

Dans ce qui suit nous détaillons les démarches suivies afin de réaliser la classification

IV.2.1.1 Classification neuronale (CNC)

•Implémentation d'un RNMC (réseau de neurones multicouches)

✓Apprentissage structurel

✓Nombre de neurones d'entrée : nous avons utilisé 9 neurones (les 9 vecteurs d'entrées), nous avons jugé d'enlever le premier(le code de la patiente) vu qu'il n'a pas un impact sur les résultats

✓Nombre de neurones cachés : après plusieurs expérimentations, nous avons fixé le nombre de neurones à 15

✓Nombre de neurones de sortie : nous avons utilisé un seul neurone représentant la classe

Remarque : La fonction d'activation pour les neurones cachés est 'logsig'

La fonction d'activation pour la couche de sortie est 'purelin'

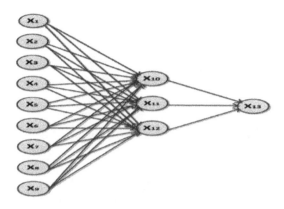

Figure IV.22 : Architecture du réseau RNMC

✓**Apprentissage paramétrique**

•*Choix de l'algorithme d'apprentissage*

L'algorithme d'apprentissage utilisé c'est l'algorithme de rétro propagation par la méthode de Levenberg-Marquardt (LM)

Cet algorithme est utilisé dans les réseaux de type feed forward, ce sont des réseaux de neurones à couches, ayant une couche d'entrée, une couche de sortie, et au moins une couche cachée. Il n'y a pas de récursivité dans les connexions, et pas de connexions entre neurones de la même couche. Le principe de la rétro propagation consiste à présenter au réseau un vecteur d'entrées, de procéder au calcul de la sortie par propagation à travers les couches, de la couche d'entrée vers la couche de sortie en passant par les couches cachées. Cette sortie obtenue est comparée à la sortie désirée, une erreur est alors obtenue. A partir de cette erreur, est calculé la sortie qui est à son tour propagé de la couche de sortie vers la couche d'entrée, d'où le terme de rétro propagation. Cela permet la modification des poids du réseau et donc l'apprentissage. L'opération est réitérée pour chaque vecteur d'entrée et cela jusqu'à ce que le critère d'arrêt soit vérifié.

IV.2.1.2 Classifieur neuro-génétique

Pour ce classifieur, nous avons débuté par la même architecture que le RNMC

✓**Apprentissage paramétrique**

En premier lieu une population initiale est crée (taille de la population fixé expérimentalement, en ce qui nous concerne nous avons utilisé N=100) avec des poids aléatoires compris entre -1,0 à + 1,0.

une fois le jeu de poids généré il sera représenté sous la forme d'un chromosome

Sachant que le chromosome est une collection de gènes (voir chapitre 3); et qu'en ce qui nous concerne nous avons gardé la structure suivante (9-3-1) avec 30 connections (liens pondérés entre un neurone et un autre), le chromosome sera alors représenté par 30 gènes.

Maintenant, nous évaluons les performances de chaque chromosome en définissant la fonction fitness ; dans notre cas nous avons utilisé le calcul de l'erreur quadratique

Selon les résultats obtenus, les meilleurs chromosomes (ayant l'erreur quadratique la plus petite) sont sélectionnés (Stochastique Uniform), mutés(Gaussian) et croisés (Pc=0.8) formant ainsi une nouvelle population

La procédure se répète jusqu'à atteindre le nombre de génération (N=100)

1	2	3	4	5	6	7	8	9	10
-0.6041	-0.7186	-0.4667	0.3974	-0.6138	-0.8826	1.5129	0.1252	3.2231	-0.4317
11	**12**	**13**	**14**	**15**	**16**	**17**	**18**	**19**	**20**
2.5582	1.2547	4.1567	-0.6688	2.1089	2.1227	1.4714	2.1566	-0.5217	0.4696
21	**22**	**23**	**24**	**25**	**26**	**27**	**28**	**29**	**30**
1.5524	-0.7317	-0.5079	0.7260	-0.5946	0.9116	-2.3084	-0.3190	2.0591	0.5714

Figure IV.23 : chromosome des poids synaptiques

✓*Apprentissage structurel* il suit le même principe que pour l'apprentissage paramétrique, sauf que nous avons :

1) remplacer le poids par une connexion binaire : 1 s'il y a une connexion entre un neurone et un autre sinon 0.

b) dans ce cas nous avons gardé la structure (9-4-1) avec 40 connexions, (Figure IV.24)

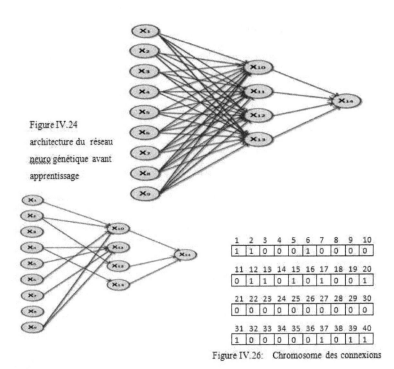

Figure IV.24
architecture du réseau
neuro génétique avant
apprentissage

1	2	3	4	5	6	7	8	9	10
1	1	0	0	0	1	0	0	0	0

11	12	13	14	15	16	17	18	19	20
0	1	1	0	1	0	1	0	0	1

21	22	23	24	25	26	27	28	29	30
0	0	0	0	0	0	0	0	0	0

31	32	33	34	35	36	37	38	39	40
1	0	0	0	0	0	1	0	1	1

Figure IV.26: Chromosome des connexions

Figure IV.25: Architecture du réseau
neuro génétique après apprentissage

IV.2.1.3 Résultats

Pour effectuer la répartition des 683 patientes : nous avons gardé 2/3(456) pour la phase d'apprentissage et 1/3 (227) pour la phase de test

> **Résultats obtenus par le classifieur neuronal**

Erreur atteinte du réseau	Nombre de neurones cachés	nombre d'itération	CC	Se	Sp	VP	VN	FP	FN
0.01	15	150	98,65%	96%	99,42%	48	172	1	2

Tableau IV. 1 : Résultats du classifieur neuronal (CRN)

49

➢**Résultats obtenus par le classifieur neuro-génétique**

✓**Apprentissage paramétrique**

Population	génération	Nombres de neurones cachés	CC	Se	Sp	VP	VN	FP	FN
100	100	3	97,23%	97,07%	98,28%	51	172	3	1

Tableau IV.2 : Résultats du classifieur neuro-génétique paramétrique(CNGP)

✓**Apprentissage structurel**

Population	génération	Nombre de neurones cachés	CC	Se	Sp	VP	VN	FP	FN
100	100	4	86.34%	100%	82.28%	52	142	31	0

Tableau IV.3 : Résultat du classifieur neuro-génétique structurel(CNGS)

➢**Interprétation des résultats**

Les classifieurs neuro-géntiques ont donné des meilleures performances particulièrement dans la reconnaissance des cas malins (voir tableaux)

Cette performance est du essentiellement à l'optimisation de la structure et à la modification des poids en plus pour l'apprentissage structurel (2 entrées X3 et X8) ont été éliminé, ces deux derniers représentent respectivement :Uniformity of cell shape et Noarmal Nucleioli

Du point de vu médical, ils sont les moins significatifs (confirmé par les experts du domaine)

IV.2.2 Approche multi agents

Nous avons adopté l'approche distribuée (SMA) pour profiter des contributions des trois modèles (CNC, CNGP, CNGS) représentant chacun un agent auquel nous avons intégré un quatrième agent que nous avons dénommé « AgentContrôleur ».

Au préalable, ces différents agents ont été dénommés comme suit :

1-*Agent Classiffieur* pour les réseaux de neurones CNC

2-*AgentClassiffeur1* pour les neuro-génétique paramétrique CNGP

3-*AgentClassifieur2* pour les neuro-génétique structurel CNGS

L'AgentContrôleur récupère les résultats des trois agents ensuite il calcule ses propres performances afin d'établir le diagnostic final les résultats obtenus sont présentés dans le tableau suivant :

AgentContrôleur		
CC	Se	Sp
97,5%	98%	97%

Tableau IV.4 : Résultats AgentContrôleur

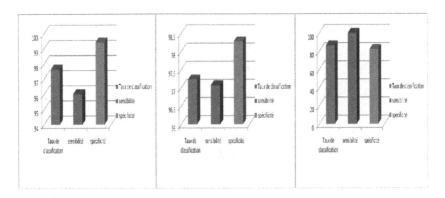

Figure IV.27 : Histrogramme   FigureIV.28 : Histogramme   FigureIV.29 Histogramme

Des performances du CNC   des performances du CNGP   des performances du CNGS

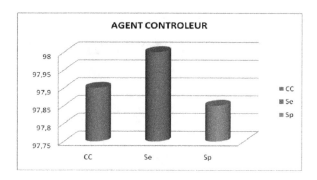

Figure IV.30 : Histrogramme des performances de l'AgentControleur

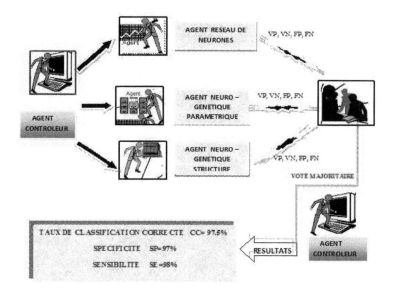

Figure IV.31 : processus de relation agent contrôleur - agents classifieurs

IV.2.3 Conclusion et interprétation :

Nous remarquons que l'AgentContrôleur a bénéficié des meilleurs résultats obtenus par les trois agents (vote majoritaire) pour calculer ses propres performances qui ont augmenté visiblement ses résultats.

IV.2.4 Menu d'utilisation de notre application :

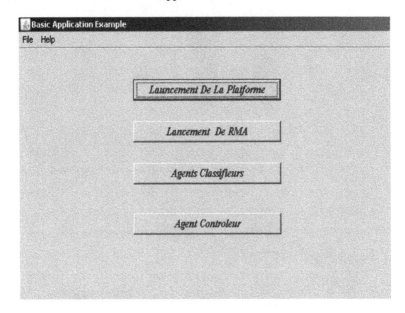

Figure IV.32: Interface crée

Lancement de la plateforme Jade (*launch plateforme*) *de launch RMA apparition de l'interface*

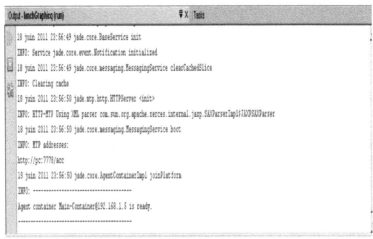

Figure IV.33 :Extrait d'un exemple d'exécution

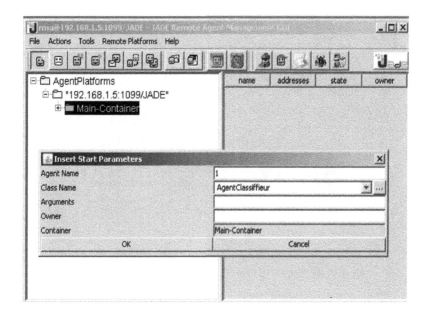

Fig IV.34 : plateforme Jade Création des 3 agents classifieurs

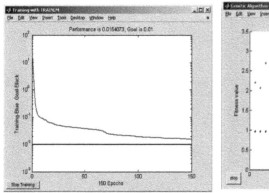

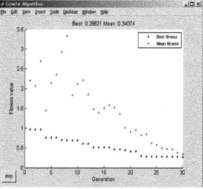

Figure IV.35 :Apprentissage du CNC

Figure IV.36 :Apprentissage du CNGP

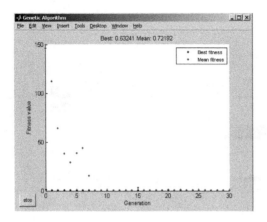

Figure IV.37 : Apprentissage du CNGS

➢Retour sur interface jade pour la création de l'agent Contrôleur : Apparition des résultats
(Tableau IV.4)

NB :une autre démarche de raccourcie est possible ,elle consiste à lancer au niveau de
l'interface(figure IV.32) :
1-La plateforme   2-Agents Classifieurs   3-Agent Contrôleur

CONCLUSION GENERALE

Notre approche multi agents pour la reconnaissance du cancer vise à renforcer le diagnostic d'une manière distribué.

Pour cela nous avons utilisé la base de données universelle WBCD pour évaluer notre modèle.

Nous avons en premier lieu conçu des classifieurs mono agents en utilisant les réseaux de neurones multicouches, leurs hybridations avec les algorithmes génétiques

Nous avons évalué et testé les performances de chaque agent en terme de sensibilité (Se),Spécifité(Sp) et le taux de classification correcte (CC)

En dernier lieu nous avons utilisé un modèle SMA composé de quatre agents : les trois agents conçus auparavant, plus un agent contrôleur.

Les résultats de classifications des données par l'agent ont été très prometteurs.

Notre approche peut se développer davantage par :

-L'élargissement de la base de données

-La multiplication du nombre d'agents (classifieurs)

- L'augmentation de la communication entre différents agents

Nous souhaiterons intégrer la notion d'interpretabilité chez les agents par l'hybridation de leurs techniques de classification avec l'approche floue.

ooooooooooooooooooooooooooooo

REFERENCES BIBLIOGRAPHIQUES

[1] L'Organisation Mondiale de la Santé (OMS),
http://www.who.int/mediacentre/factsheets/fs312/fr/index.htm, Novembre 2008.
àpp

[2]Horde P, Santé Médecine,http://sante
medecine.commentcamarche.net/contents/cancer/comment-se-developpe-le-cancer.html,2010.

[3] Horde P, http://www.e-cancer.fr/les-cancers/generalites/les-facteurs-de-risque.html,2010.

[4]Minier,http://www.docbuzz.fr/2010/02/24/123-le-cancer-est-devenu-la-premiere-cause-de
deces.html.,2010.

[5] http://www.gsk.fr/gsk/votresante/cancer_sein/pdf/cancer_sein.pdf.html,2009.

[6] Evrard N. http://sante-az.aufeminin.com/w/sante/s201/maladies/cancer-sein.html,2011.

[7] Horde P. http://sante-medecine.commentcamarche.net/contents/cancer/05_les-traitements-
du-cancer.html,2010

[8] Boufera H, Bendella F. Interprétation automatique des anomalies de mammographie
numérique, Laboratoire SIMPA, Département d'Informatique, USTO-MB, USTO,
Algérie.2009.

[9] Globocan, ARC,http://globocan.iarc.fr/factsheets/populations/factsheet.aspuno.html, 2010.

[10] Ferber J, Les Systèmes Multi Agents: vers une intelligence Collective, 1995.

[11] Bret.M,
http://www-inrev.univ-paris8.fr/extras/Michel-Bret/cours/bret/cours/va/va6.html,2006

[12] Jares I,Chaib-Draa B,Aperçu sur les systémes multi agents,Scientific Series,2002

[13]Ferceau J, L'Intelligence Artificielle Distribuée, La Recherche Vol. 233. pp750-758,1991.

[14] Amzal D, Intelligence artificielle distribuée et développement de systèmes
D'information : une approche multi-agents pour le développement de systèmes
D'information. Université INI. 1996.

[15] Erman L, Hayes-Roth F, Lesser V, Reddy D, The Hearsay-II speechunder standing
system. Integrating knowledge to resolve uncertainty. Computing Surveys Vol. 12, pp.
213-253, 1980.

[16] Varela F, L'Auto-Organisation: de l'Apparence au Mécanisme, in Colloque de
Cerisy:L'Auto-Organisation, de la Physique au Politique, Editions du Seuil, pp.147-
164. 1983.

[17] Demazeau Y, Costa A. R, Populations and organisations inopen multi-agent systems, In 1st Symposium on Parallel and Distributed AI, Hyderabad, India, 1996.

[18] Russell S, Norvig P, Artificial Intelligence : a Modern Approach, Prentice-Hall, 1995.

[19] Touaf S, Diagnostic logique des systèmes complexes dynamiques dans un contexte multi-agent, Université Joseph Fourier, 2005.

[20] Demazeau Y, Müller J-P, Decentralized Artificial Intelligence., Elsevier, Science Publisher. pp. 3-16, 1990.

[21] Hayes-Roth B, An architecture for adaptive intelligent systems, Artificial Intelligence, pp. 329-365, 1995.

[22] N. R. Jennings, Specification and implementation of a belief desire joint-intention architecture for collaborative problem solving. Proc. of the Tenth National Conference of AI,San Joe, California, pp. 269-275, 1992.

[23] Sierra C, Autonomous Agents and Multi-Agent Systems, Upgrade : European Online Magazine Vol. 3, 2002.

[24] Dassault N, Les agents mobiles, Une introduction, Systèmes : Recherche et nouvelles technologies, 1999.

[25] Malone T. W, Modeling coordination in organizations and markets, In Bond et Gasser, pp. 151-158.

[26] Tchicou M , Un environnement de conception multi-agents pour le pilotage des systèmes de production, Université PAU et des pays de l'Adour, 2003.

[27] Gates B, Les agents intelligents ,The road ahead.,1999

[28] Finin T, Fritzson R, KQML: a language and protocol for knowledge and information exchange, In Proceedings of the Thirteenth International Workshop on Distributed Artificial Intelligence, pp. 126-136, 1994.

[29] Hebb D.O, The Organisation of Behaviour, Wiley, New York, 1949.

[30] Rumelhart D.E, Mc Clelland J.L, Parallel Distributed Processing, The MIT Press, Vol. 1 et 2, Cambridge, 1986.

[31] Hecht-nielsen R, Neurocomputing. Addison-Wesley Publishing Company, pp. 433,1990.

[32] Kohonen T, Self-organization and associative memory, Berlin: Springer, Verlag, 1984.

[33] Hornik K, Approximation capabilities of multilayer feedforward networks, Neural Networks, Vol. 4, pp. 251-257. 1991

[34] White D, Ligomenides, pp.136, 1993.

[35] Holland. J. H, Adaptation in Natural and Artificial Systems: an Introductory Analysis with Applications to Biology, Control and AI, The University of Michigan Press, 1975.

[36] Miller G.F, Todd P .M, hedge S. U, pp. 98. 1989

[37] Barricelli N.A, Fraser A, http://www wikipedia.org/wiki/Genetic_algorithm.html.

[38] Charon I, Germa A, Hudry O,
http://www.crinfo.univ_ paris1.fr/MasterSID/Plaquette_M1_P1.pdf.html. 1996.

[39] Montana D, http://www .ethesis.inp-toulouse.fr/archive/00001360/01/costard.pdf.html,
1989.

[40] blanchiment H, documents.irevues.inist.fr/bitstream/handle/2042/13582/A203.pdf.html,
1989.

[41] Ichikawa S, http://www .liris.cnrs.fr/~gbeslon/phd_gbeslon.pdf.html.1990.

[42] Bartels PH, Weber JE,. Expert systems in histopathology, Introduction and overview.
Anal. Quant. Cytol. Histology, Vol. 11, pp. 1-7, 1989.

[43] Jelonek J, Krawiec K, Slowinski R, Neural networks and rough sets-comparison
and combination for classification of histological pictures, In: Proc. of the first
National Conference Neural Networks and their Applications,
Kule, Czqstochawa, pp. 268-73, 1994.

[44] Sushmita M. Fuzzy MLP based expert system for medical diagnosis, Fuzzy Sets and
Systems, Vol. 65, pp. 285-96, 1994.

[45] Verma, B, Novel network architecture and learning algorithm for the classification of
mass abnormalities in digitized mammograms, In: Artificial Intelligence in Medicine, pp.
4267-79. 2008.

[46] Cheng S.N.C, Chan H.P, He lvie M.A, Goodsitt M.M, Adler D.D, St. Clair D.C,
Classification of mass and non-mass regions on mammograms using artificial neural
networks, Imaging Sei, Technol, pp. 38, 1994.

[47] Zhangn P, Verma B, Kumar K, A neural-genetic algorithm for feature selection and
breast abnormality classification in digital mammography,2004.

[48] Sekkal M, Chikh Ma, Neuro – Genetic Approach To Classification Of Cardiac
Arrythmias, Research student, Laboratory of Biomedical Engineering ,Department of
Biomedical Electronics, UABB Tlemcen, Algérie,2011.

[49] Iantovics 2007, 2008, 2009, 2010, IEEE, Springer.

[50] Mangasarian O. L, Wolberg W. H, Cancer diagnosis via linear programming, SIAM
News, Vol. 23, pp 1- 18, 1991.

[51] Boufera H, Bendella F, Interprétation automatique des anomalies de mammographie numérique, Laboratoire SIMPA, Département d'Informatique, USTO-MB, Oran, Algérie,2009.

[52] Shibakali G, Shiladitya P, IEEE, 2009.

[53] Fougeres A.J, Une architecture cognitive d'agents communicants dans des systèmes d'information complexes. Laboratoire M3M, Université de Technologie de Belfort-Montbéliard, France ,2008.

[54]Asoke Hong .G, Nandi K, Breast cancer diagnosis usmg genetic programming generated feature , Elsevier Pattern recognition, Vol 39, pp 980-987, 2006.

[55] Sekkal M, Chikh Ma, Settouti N, Evolving neural networks using a genetic algorithm for heartbeat Classification, Journal of Medical Engineering & Technology, Biomedical Engineering Laboratory, pp 1-9 , Tlemcen, Algeria ,2011.

RESUME

Le cancer du sein est le cancer qui touche de nos jours de plus en plus de femmes dans le monde. Ainsi, la lutte contre le cancer est loin d'être achevée La médecine avance sur tous les fronts afin d'améliorer les soins des patients et vaincre cette maladie du siècle.

De ce fait, il est indispensable que plusieurs disciplines continuent à apporter leur contribution et particulièrement l'Intelligence Artificielle.

Pour permettre d'établir une aide au diagnostic médical, robuste et fiable, les systèmes multi agents (SMA) peuvent être un outil puissant de diagnostic distribué.

Dans ce mémoire, nous avons testé les performances des réseaux de neurones, des algorithmes génétiques sur la base de données du cancer du sein(WBCD) ensuite nous avons intégré ces derniers avec un agent Contrôleur (SMA) pour augmenter la précision de la classification

Les résultats obtenus de la classification sont très prometteurs.

ABSTRACT

Breast cancer is cancer that affects these days more and more women in the world. Thus, the fight against cancer is far from complete; medicine advances on all fronts to improve patient care and overcome the disease of the century

Therefore, it is essential that several disciplines continue to contribute and especially Artificial Intelligence

To help establish an aid to medical diagnosis, robust and reliable multi-agent systems (MAS) can be a powerful tool for distributed diagnostic

In this brief, we tested the performance of neural networks, genetic algorithms on the database of breast cancer and then we have integrated these with a controller agent (MAS) to increase the accuracy of the classification.

The results of classification are very promising

www.ingramcontent.com/pod-product-compliance
Lightning Source LLC
La Vergne TN
LVHW042345060326
832902LV00006B/394